Baron DESAZARS

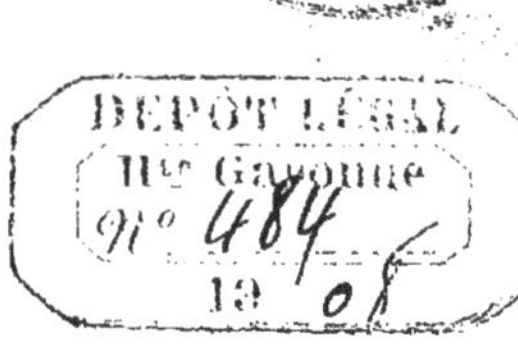

LA FAMILLE CROZAT

(Extrait de la *Revue des Pyrénées*, 1907 et 1908.)

TOULOUSE

IMPRIMERIE ET LIBRAIRIE ÉDOUARD PRIVAT

Librairie de l'Université

14, RUE DES ARTS, 14 (SQUARE DU MUSÉE)

1908

Baron DESAZARS

LA FAMILLE CROZAT

(Extrait de la *Revue des Pyrénées*, 2e trimestre 1907.)

TOULOUSE
IMPRIMERIE ET LIBRAIRIE ÉDOUARD PRIVAT
Librairie de l'Université
14, RUE DES ARTS, 14 (SQUARE DU MUSÉE)

1907

Baron DESAZARS

LA FAMILLE CROZAT

On dit généralement — et l'on croit volontiers — qu'il n'y a que les régimes démocratiques pour favoriser l'élévation des classes sociales. S'il est vrai qu'avec ces régimes un simple citoyen puisse aspirer à toutes les fonctions, même à celles de chef de l'Etat, comme le simple soldat pouvait trouver dans sa giberne un bâton de maréchal, il n'en est pas moins certain qu'avec les régimes monarchiques il y avait en France tout autant de moyens — et peut-être plus faciles et plus sûrs — d'arriver à la fortune comme aux honneurs et à la considération.

Nous en trouvons un exemple caractéristique dans la famille toulousaine des Crozat. Et, chose à remarquer, elle s'était surtout élevée en se dépaysant, donnant ainsi un démenti à la thèse de Maurice Barrès sur les « déracinés », qui ne doit pas être exagérée, pas plus que la théorie de Taine sur la race, le temps et le milieu, car l'homme, comme la plante, peut gagner à sa transplantation dans un meilleur terrain et avec une meilleure culture, — sans compter le vieux proverbe : « Nul n'est prophète dans son pays. »

I. — Les Origines.

Par lui-même, le nom de Crozat semble indiquer une origine précaire et une situation misérable, car il était ordinairement donné aux hérétiques Albigeois qui avaient été poursuivis par les Inquisiteurs, privés de leurs biens, condamnés à porter des croix (*cruce signati*), et désignés par suite sous les rubriques de *Croux, Cros, Crouzet, Crouzat, Crozat* et autres appellations équivalentes [1]. Mais nous ne saurions remonter jusqu'à ces temps reculés pour le cas qui nous occupe. Nous voulons parler d'une famille qui florissait au dix-septième et au dix-huitième siècles, et, à cette époque, nous retrouvons pour la première fois le nom de *Crozat* ou *Crosat* au greffe du Sénéchal de Toulouse. Celui qui le portait était devenu le cessionnaire de la charge de greffier des Jeux Floraux, à lui vendue par Simon-Pierre Codercq, docteur et avocat en la Cour. Après en avoir délibéré le 2 avril 1601, le Conseil de ville ne voulut pas ratifier cette cession et mit en demeure Codercq de continuer ses fonctions et de prononcer, le 1er et le 3 mai suivants, le jugement des Fleurs, conformément aux usages [2]. Crozat eut beau protester contre cette décision : elle fut de plus fort maintenue et exécutée par une nouvelle délibération prise le jour même de la première fête des Fleurs, le 1er mai 1601 [3].

Un demi-siècle se passe, et nous retrouvons, toujours à Toulouse, ce même nom de Crozat.

Par acte du 27 septembre 1653, au rapport de Me Antonin Bessière, notaire à Toulouse, Antoine Crozat, qualifié banquier, achète à noble Bernard de Cathelan, conseiller du Roi, fils de François de Cathelan, trésorier de France, « la terre de Barthecave, située dans les consulats de Préserville et Villèle (aujourd'hui canton de Lanta, arrondissement de Villefranche-Lauraguais), consistant en un château grandement ruiné et autres bâtiments ». L'acte ajoute que « les vignes sont dépeuplées, les bois dégradés, les fossés comblés, les bâtiments sans portes ni fenêtres et n'ayant même aucune sorte de bétail ». Ces désastres provenaient des diverses guerres qui avaient

1. Voir *Annales du Midi*, année 1902, p. 559.
2. Archives du Capitole, *Registre des Délibérations du Conseil de ville*, t. XII, p. xxxij.
3. *Lib. et loc. cit.*, pp. LIX et s.

eu lieu entre les Catholiques et les Protestants, et qui avaient désolé le pays [1]. Le domaine de Barthecave étant un bien noble, Antoine Crozat le dénombra devant les Capitouls le 1er avril 1689. Il l'avait considérablement agrandi par plusieurs acquisitions, notamment en vertu d'un acte d'achat du 23 septembre 1661, où il est qualifié « noble Anthoine de Crozat, banquier à Toulouse ».

Les constructions actuelles du domaine de Barthecave paraissent dater de cette époque. Elles se composent d'un grand bâtiment carré, construit en briques rouges du pays, dites « foranes », précédé d'une cour ayant sur ses deux côtés, au levant et au couchant, de vastes constructions servant de communs. On y accède, du côté du midi, par un portail en fer. La principale façade est au nord, donnant sur un grand jardin en quinconce, dont les allées sont bordées de buis séculaires taillés à la française. Après le jardin, un grand bois percé d'allées et situé dans un vallon profond (d'où le nom de « Barthecave »). Le tout est dominé par les coteaux voisins, et, en particulier, par celui où est bâti le village de Préserville, qui sert de point de vue au château.

En 1657, nous voyons figurer le nom d'Antoine Crozat sur les registres de comptes du Capitole. Il y est qualifié « banquier de Tholose », tantôt avec la particule *de* et tantôt sans particule. Il était porteur de lettres de change qu'il se faisait payer par Pierre Bosc, « trésorier de la maison de ville [2] ».

Quelques années après, il devient capitoul, une première fois en 1674 avec la désignation de « marchand et banquier » et la qualification de « seigneur de Préserville et de Barthecave », et une seconde fois en 1684. Dès cette époque, il porte pour armoiries : de gueules au chevron d'argent accompagné de trois étoiles de même, et nous voyons ces mêmes armoiries portées par ses fils et sa descendance dans le siècle suivant.

1. Archives de la famille Pons-Devier, actuellement propriétaire du domaine de Barthecave, qui a bien voulu nous les commuuiquer.

2. Archives municipales, *Registre des Comptes*, 1656-1657, fol. 41 v°, 42 r° et 43 v°.

Antoine Crozat mourut en 1690, laissant un testament olographe en date du 2 octobre 1689, qui fut déposé chez Me Forest, notaire à Toulouse, le lendemain 3 octobre, et qui fut ouvert le 7 novembre 1690[1].

Il commence par dire qu'il veut être enterré en l'église des Jacobins. Il laisse à ses héritiers le soin de fixer à leur gré les honneurs funèbres qui lui seront rendus. Les consuls de Préserville et de Barthecave, au nombre de deux, étant à sa nomination, il les convoque à ses funérailles et lègue à chacun d'eux 30 sols pour les défrayer de leur déplacement, et 40 sols pour leur acheter un chapeau noir. Il demande qu'on dise pendant la huitaine qui suivra son décès, pour le repos de son âme, mille messes qui seront payées à raison de 6 sols chacune. Il fait divers legs : à la chapelle des Pénitents-Noirs (60 livres); aux couvents des religieuses de Sainte-Claire de la porte Saint-Cyprien et de Notre-Dame-du-Refuge (60 livres à chacun); aux couvents des Récollets et des Capucins (50 livres à chacun); et aux pauvres de Saint-Joseph de l'hôpital de la Grave (60 livres) : tous ces legs payables dans l'année de son décès. Enfin, il relate ses trois mariages successifs, indique les enfants qu'il en a eus, et détermine la part d'héritage qu'il laisse à chacun d'eux.

Antoine Crozat s'était marié en premières noces avec Jeanne de Cardon. Il en avait eu un fils, *Guillaume*, qui s'était fait prêtre et qui était en ce moment « chapelain chez le Roi » et abbé de Saint-Pierre de Saint-Front, au diocèse d'Angoulême.

De son second mariage avec Catherine de Saporta étaient nés trois fils et trois filles. L'aîné des garçons issus de ce mariage s'appelait comme lui *Antoine*, et il l'avait pourvu de sa part héréditaire moyennant les 26,270 livres qu'il lui avait données pour payer son office de receveur des tailles de Lavaur et de Saint-Papoul. Le cadet se nommait *Jean* : il était entré dans les ordres, avait acheté une charge de conseiller au Par-

1. Ce testament est encore conservé aux Archives des notaires de Toulouse, dans le Palais de Justice.

lement de Toulouse et devait devenir plus tard vicaire général de l'archevêque de Toulouse, et, finalement, maître des requêtes à Paris et abbé de Genlis. Son dernier fils s'appelait *Pierre* : il n'indique pas sa condition; mais il lui avait fait donation, en 1683, d'une somme de 20,000 livres, sans doute pour acquérir quelque charge dans les finances. Quant à ses trois filles, *Anne* était en ce moment veuve de M. de Labourgade; *Jeanne* était mariée à M. Jean Daguin, greffier en chef des trésoriers de France, et *Gabrielle* était religieuse hospitalière en la Maison Professe.

Antoine Crozat déclarait enfin s'être marié une troisième fois, le 12 janvier 1683, avec Jeanne d'Estadens; mais il n'en avait pas eu d'enfants, et il terminait son testament en instituant héritier général et universel de toute sa fortune son « fils ayné et de sa seconde femme de Saporta », Antoine II, qui devait devenir un des plus riches financiers de Paris, tandis que son frère, Pierre, se rendait célèbre comme amateur d'art et comme collectionneur.

II. — Antoine Crozat le Riche.

Né à Toulouse en 1655, Antoine II Crozat, surnommé « le Riche », était doué de grandes qualités pour les affaires commerciales et financières. Il en avait appris le maniement dans la maison de commerce et de banque de son père, et il ne tarda pas à se faire distinguer par sa capacité professionnelle.

A la mort de son père, en 1690, il était receveur des tailles de Lavaur et de Saint-Papoul. Le receveur général du clergé, Pennautier, le prit d'abord comme caissier, puis comme premier commis, enfin comme caution[1]. Très apprécié par M. de Bâville, intendant du Languedoc, Crozat finit par remplacer Pennautier comme receveur général du clergé et trésorier des

1. *Mémoires de Saint-Simon* (édition de Boislisle), t. VI, p. 198, note 1. — Nous aurons à citer souvent les *Mémoires* de Saint-Simon; nous renverrons toujours à l'édition de Boislisle.

Etats du Languedoc. Il possédait déjà la charge de receveur général des finances de la généralité de Bordeaux. Il avait, en outre, des intérêts dans une grande quantité d'affaires commerciales ou d'entreprises financières. Sa fortune était devenue considérable.

Appelé à Paris en qualité de commis à l'exercice de la charge de trésorier général de l'Extraordinaire des Guerres et Cavalerie légère de France, il devint secrétaire du Roi et de ses finances et « intéressé dans les affaires de Sa Majesté ». Sa fortune ne fit que s'accroître, et il se mit à bâtir un superbe hôtel sur la place Vendôme et une villa à Clichy. Cette villa avait un magnifique jardin dessiné par Le Nôtre, et pour l'arrosage duquel Crozat avait fait construire, à trois cents pas de la rivière, un moulin à vent dont « l'entretien eût été ruineux pour tout autre ». En 1699, il venait d'obtenir la permission d'établir un autre moulin sur la Seine même, entre sa maison et l'île des Bassins[1].

Dans ces nouvelles fonctions, Antoine II Crozat avait conquis l'estime de tous ceux qui l'approchaient et avait attiré les regards de Louis XIV, qui le désigna au duc de Vendôme pour l'intendance de sa maison et la gestion de ses affaires.

Louis-Joseph, duc de Vendôme, de Mercœur, etc., était un arrière-petit-fils de Henri IV et de Gabrielle d'Estrées. Né le 1er juillet 1654, il était pair de France, grand sénéchal, gouverneur et lieutenant-général pour le roi en Provence. Il avait été fait lieutenant général des armées et chevalier des ordres en 1688, puis général des galères en septembre 1694. Il avait, enfin, commandé les armées de Catalogne de 1695 à 1697 et s'y était couvert de gloire. Il passait pour un des généraux les plus capables et les plus appréciés par ses troupes.

Saint-Simon, qui détestait tous les bâtards royaux et leurs descendants, s'est montré particulièrement haineux vis-à-vis du duc de Vendôme; et il est certain que, si ce général a

1. Archives nationales, O¹ 43, fol. 360, 30 septembre 1699. Dangeau ne parle pas de la villa de Clichy, mais de la maison de Paris. (*Mémoires de Saint-Simon*, t. VI, p. 199.)

rendu de grands services à la France et à Louis XIV, il laissait à désirer sur bien des points. On s'accorde généralement à dire qu'il était, comme son aïeul Henri IV, doux, bienfaisant, sans faste, ne connaissant ni l'envie ni la vengeance. Il n'était fier qu'avec les princes ; vis-à-vis des autres, il se rendait leur égal. Ses officiers comme ses soldats l'adoraient ; ils auraient donné leur vie pour le tirer d'un mauvais pas, et ils en ont souvent donné des preuves. Naturellement indolent, il ne passait pas pour méditer sérieusement ses plans de campagne ni même ses plans de bataille. Il négligeait trop les détails et ne se préoccupait guère de la discipline et de la subsistance de ses troupes. Il livrait un temps précieux à la table, au sommeil ou aux plaisirs. Mais, un jour d'action, il savait tout réparer par une présence d'esprit et par des lumières que le péril rendait plus vives ; et ces jours d'action, il les recherchait sans cesse.

Ce désordre et cette négligence qu'il portait dans ses armées étaient plus grands encore pour la direction de sa maison et l'administration de sa fortune, qu'il avait confiées à son frère cadet, Philippe de Vendôme, général comme lui, et qu'on appelait « le Grand Prieur ». Celui-ci avait eu d'abord comme secrétaire de ses commandements un Toulousain bien connu, Jean Palaprat, sieur de Bigot, ancien capitoul et chef du Consistoire en 1684, auteur applaudi de plusieurs pièces de théâtre, et notamment du *Grondeur* et de l'*Avocat Pathelin.* Palaprat était entré à son service en 1691 ; mais il n'avait pas eu à se féliciter de son maître qu'il finit par quitter, et dont il parle ainsi dans une chanson sur l'air *De tous les capucins du monde* :

Son Altesse me congédie ;
C'est le prix de l'avoir servie
Pendant dix ans, avec ardeur.
Nous devons tous deux nous connaître :
S'il perd un fichu serviteur,
Ma foi, je perds un fichu maître ![1]

1. Palaprat est mort à Paris en 1721. Il avait publié son théâtre en 1711 (réimprimé en 1756).

Le Grand Prieur de Vendôme remplaça Palaprat par l'abbé de Chaulieu, homme de beaucoup d'esprit, mais qui s'empara de sa confiance et le pilla effrontément, lui et le duc de Vendôme. Il s'ensuivit que, quoique très riche, le duc de Vendôme « n'avait jamais un écu pour quoi qu'il voulût faire ». On lui avait souvent représenté le misérable état où sa confiance le réduisait, lorsque Louis XIV finit par intervenir, l'engagea à mettre un terme aux dilapidations dont il était victime et lui indiqua Antoine Crozat comme pouvant le mieux y remédier[1].

Le duc de Vendôme céda à ses instances. Il pria Chemerault, qui lui était fort attaché, de dire au Grand Prieur de ne plus se mêler de ses affaires et à l'abbé de Chaulieu de cesser d'en prendre soin. Et il confia à Crozat la gestion de son immense fortune.

La santé du duc de Vendôme n'était pas moins ébranlée que sa fortune par suite de ses débauches. Le Roi l'avait également invité à en prendre soin et à se mettre entre les mains des chirurgiens « qui l'avaient déjà manqué une fois », raconte Saint-Simon. Il prit solennellement congé de la Cour pour aller se faire opérer, et au lieu de se confiner dans sa terre d'Anet, où il était déjà venu pour le même objet en 1697 et en 1698, et qui lui servait toujours de retraite en ces occasions[2], il se rendit à Clichy, chez Antoine Crozat, pour être plus à portée de tous les secours de Paris. Il fut près de trois mois entre les mains des chirurgiens les plus habiles qui échouèrent dans leurs traitements.

Quand le duc de Vendôme revint à la Cour, il avait perdu la moitié de son nez, ses dents étaient tombées avec ses cheveux, et sa physionomie avait complètement changé. Le Roi fut si frappé de ce changement qu'il recommanda aux courtisans de

1. Selon Dangeau (t. XIV, pp. 56 et 75), le Roi avait fait demander à Crozat de se charger des affaires du duc de Vendôme ; mais le financier ne voulut les prendre en main que lorsque « le fond seroit mieux éclairci ».

2. *Mémoires de Saint-Simon*, t. VI, pp. 196 à 200 ; *Mémoires de Sourches*, t. II, p. 153 ; *Mémoires de Dangeau*, t. XIV, pp. 166 à 168,

dissimuler leurs impressions de peur d'affliger le duc de Vendôme, et celui-ci fut reçu de nouveau à la Cour aussi triomphalement qu'il l'avait quittée. Mais il n'y parut que quelques jours et s'empressa de retourner à Anet pour y reprendre ses aises et voir, ajoute Saint-Simon, « si le nez et les dents lui reviendraient avec les cheveux ».

Il vivait dans cette délicieuse résidence d'Anet au milieu d'une petite cour d'adulateurs, lorsqu'il en fut rappelé par Louis XIV pour aller remplacer Villeroy en Italie et y réparer les désastres de l'armée française. Dans cette campagne de 1702, il débuta de la manière la plus brillante, poussant devant lui l'armée impériale et la battant un peu partout. Mais il avait pour adversaire le prince Eugène, un des plus habiles tacticiens de son temps, et il faillit souvent, par son indolence et son imprévoyance, compromettre les succès de son armée. Il finit pourtant par triompher de tous ses ennemis et rentra en France couvert de gloire, au milieu des acclamations générales.

Une de ses premières visites fut pour Antoine Crozat. Il avait conçu pour lui une affection d'autant plus vive que Crozat avait merveilleusement rétabli ses affaires financières. Puis, il avait fait de la fille de Crozat, Marie-Anne, son alliée, en la mariant à son cousin germain, le comte d'Evreux, troisième fils du duc de Bouillon, le duc de Vendôme et le comte d'Evreux étant fils de deux sœurs.

Henri-Louis de la Tour-d'Auvergne, comte d'Evreux, appartenait à une maison où la vanité était traditionnelle, mais n'était pas en rapport avec la fortune. Aussi désirait-il se marier richement. Il avait trouvé dans la protection du duc de Vendôme et du comte de Toulouse l'agrément du Roi pour acquérir, en 1703, de son oncle, le comte d'Auvergne, la charge de colonel général de la cavalerie légère.

Saint-Simon nous a laissé le portrait suivant du comte d'Evreux[1] : « Avec un esprit médiocre, il savait tout faire

1. *Mémoires*, t. III, pp. 450 et 451.

valoir, et n'était pas moins occupé de sa maison que tous ses parents. Il en tirait fort peu, il n'avait qu'un nouveau et méchant petit régiment d'infanterie, il était assidu à la guerre et à la cour. Il savait se faire aimer. On était touché de le voir si mal à son aise, si reculé, si éloigné d'une meilleure fortune. Il s'attacha au comte de Toulouse : cela plut au Roi, de qui il tira quelquefois quelque argent pour lui aider à faire ses campagnes. Le comte de Toulouse prit de l'amitié pour lui, il en profita. Le Roi fut bien aise d'acquérir à ce fils un ami considérable et de lui en procurer d'autres par un coup de crédit; et cela valut au comte d'Evreux la charge de son oncle qui, par la persévérance à la garder, la conserva ainsi dans sa maison. Il l'acheta 600,000 livres comme à un étranger : il était mal dans ses affaires. La somme parut monstrueuse pour un cadet qui n'avait rien, et pour un effet de 20,000 livres de rente. Le cardinal de Bouillon lui donna 100,000 livres ; M. le comte de Toulouse, qui lui avait fait donner de l'agrément, s'intéressa pour lui faire trouver de l'argent et il consomma promptement son affaire. Le roi voulut qu'il servît quelque temps de brigadier de cavalerie, avant que de faire aucune fonction de colonel-général ; ce temps-là fut même abrégé par la même protection qui lui avait valu la charge. Il n'avait que vingt-cinq ans, n'avait servi que dans l'infanterie. Le roi était piqué contre le cardinal de Bouillon (son oncle), contre le comte d'Auvergne, contre la fraîche désertion de son fils, contre le chevalier de Bouillon, de propos fort impertinents, qu'il avait tenus, et, malgré tant de raisons, il fit, pour plaire au comte de Toulouse, la faveur la plus signalée au comte d'Evreux. »

C'est seulement en février 1705 que, grâce au comte de Toulouse, le comte d'Evreux avait pu se procurer les dernières 100,000 livres dues à son oncle et régulariser sa situation[1]. Pour rembourser ces emprunts, sa famille songea à le marier avec quelque riche héritière de la magistrature ou de la

1. Dangeau, pp. 252 et 253, et Sourches, pp. 172 et 173.

finance. On avait cité Mlle Bouchu et Mlle Mascranny[1]. Le duc de Vendôme insista pour qu'il leur préférât Marie-Anne Crozat, quoiqu'elle n'eût alors que douze ans ; mais il était d'usage, à cette époque, de faire des mariages dès cet âge, sauf à ne les réaliser que plus tard.

La célébration du mariage eut lieu le 3 avril 1707, avec l'agrément du roi qui octroya au comte d'Evreux 100,000 livres d'augmentation de brevet et de retenue sur sa charge de colonel général de la cavalerie, laquelle en rapportait déjà 450,000.

Quant à Antonin Crozat, il donna à sa fille une dot de deux millions. Il le pouvait d'autant mieux que sa fortune s'élevait à cette époque à vingt millions, d'après son parent, l'avocat Barbier et d'après Saint-Simon. Il acheta de Mgr de Nemours la terre de Tancarville, qu'on prétendait donner le titre de connétable héréditaire de Normandie. Cette terre valait 200,000 livres de rente, et il la remit au comte d'Evreux pour une partie de la dot de sa fille.

La noce fut « superbe » et se fit avec une « dépense prodigieuse », au dire des contemporains[2].

Le lendemain, le comte d'Evreux trouva sur sa toilette un habit à la mode garni de boutons d'or avec une bague de mille pistoles[3].

Il paya aussitôt cent mille écus à son oncle, le comte d'Auvergne, sur sa charge de colonel-général de la cavalerie légère et donna mille écus de pension au chevalier de Bouillon, son frère[4].

Saint-Simon, dans ses *Mémoires*[5], raille cette mésalliance en ces termes : « Mme de Bouillon, qui vint nous en donner

1. Edouard de Barthélemy, *La marquise d'Huxelles*, p. 194.
2. Dangeau, pp. 286 et 334 ; Sourches, t. X, p. 294 ; *Mercure de France*, avril 1707, pp. 187-188 ; Bertin, *Les mariages dans l'ancienne société*, pp. 584-586 ; *Nouveau siècle de Louis XIV*, t. IV, p. 335 ; *Mémoires de Saint-Simon*, t. XIV, p. 364, note 3.
3. *Lettre de la marquise d'Huxelles* du 8 janvier 1710.
4. *Gazette d'Amsterdam*, no XXX et *Mémoires de Saint-Simon*, t. XIV, p. 364, note 3.
5. T. VI, p. 89.

part, nous pria instamment d'aller voir toute la parentèle (*sic*) nombreuse et grotesque pour être assimilée aux descendants prétendus des anciens ducs de Guyenne. Elle nous en donna la liste et nous allâmes chez tous, que nous trouvâmes engoués de joie. Il n'y eut que la mère de Mme Crozat (née Le Gendre) qui n'en perdit pas le bon sens. Elle reçut les visites avec un air fort respectueux, mais tranquille, répondit que c'était un honneur au-dessus d'eux, qu'elle ne savait comment remercier de la peine qu'on prenait, et ajouta à tous qu'elle croyait mieux marquer son respect en ne retournant point remercier que d'importuner des personnes si différentes de ce qu'elle était, lesquelles ne l'étaient que trop de l'honneur qu'ils voulaient bien faire : elle n'alla chez personne[1]. Jamais elle n'approuva ce mariage dont elle prévit et prédit les promptes suites. Crozat fit chez lui une superbe noce, logea et nourrit les mariés. Mme de Bouillon appelait cette belle-fille *son petit lingot d'or*[2]. »

Ce mariage donna lieu à une foule de chansons satiriques et de pamphlets, où le mensonge et la mauvaise foi dépassèrent toutes les bornes. Les langues envenimées de la Cour et de la Ville se donnèrent carrière à ce sujet. Maurepas, qui a pris si grand soin de faire enregistrer dans son recueil toutes les ordures de son temps, n'a eu garde d'oublier celles-là. En voici quelques échantillons.

CHANSON

Sur l'air : *Oui, je le dis et le répète.*

(Sur le mariage du comte d'Evreux et de la fille à Crozat : ce mariage se fit le dimanche 3 avril, aux Capucins, par l'évêque de Laon.)

Les tabourets de nos duchesses
Portent de très ignobles fesses :
Pour estre assise maintenant,
Il ne faut qu'avoir des richesses ;

1. Au contraire, la *Gazette d'Amsterdam*, nº XIX, annonce que Mme Crozat était allée chez tous les princes et princesses de la maison.

2. Ce mot, qui semble ajouté après coup, est confirmé par Marais. On dit que la duchesse avait reçu un pot-de-vin de 50,000 livres au moment

La Roture est au premier rang,
Et derrière elle est la Noblesse.
D'Evreux la dernière comtesse
Du sang de France estoit princesse :
Mais d'un nom, d'un si haut éclat,
La culbute paraît burlesque
Qui va de la fille à Crozat
Faire une princesse grotesque.

CHANSON

Sur l'air : *Il a battu son petit frere*, ou, *Oui je le dis...*

(*Envoyé au comte d'Evreux le jour de ses noces.*)

Pendant que le docte Baluze[1],
Qui n'a jamais passé pour buze,
Soutient que tu descends d'Acfroy
Et des premiers ducs d'Aquitaine,
Je te supplie, éclairais-moy
Sur un point qui me met en peine.

Ce grand, ce glorieux ancestre,
Comment pourra-t-il te connoistre
Au milieu de tant de bedeaux[2],
De savetiers, de ravaudeuses,
De crieuses de vieux chapeaux,
Et d'une foule d'autres Gueuses ?

CHANSON

Sur le même air.

(*Réponse du comte d'Evreux.*)

Amy, contre mon mariage
Tout le monde peut dire rage ;
Mais tout le monde ne sait pas,
Pour satisfaire à ta demande,
Que des Mancini aux Crozat
La différence n'est pas grande.

du mariage (*Mélanges d'histoire nobiliaire,* p. 508). Quant au duc de Bouillon, il essaya d'empêcher ce mariage (*Archives nationales*, R² 75). Une lettre du cardinal de Bouillon à son secrétaire Le Fèvre se trouve au Cabinet des manuscrits. (Ms. nouv., acq. fr. 6677, fol. 32.)

1. Baluze avait été chargé de dresser la généalogie de la maison de La Tour d'Auvergne. Elle parut en deux volumes, en 1708.

2. Le grand-père Crozat avait été sacristain à Notre-Dame, dit le *Recueil* de Maurepas. Mais comment aurait-il pu l'être, puisque la famille Crozat était de Toulouse, où elle avait toujours habité ?

Que le sang des ducs d'Aquitaine
Coule, si l'on veut, dans mes veines,
Il n'est plus que l'argent de bon :
Acfroy, dont on nous fait descendre,
Doit nos petits-fils de Bouillon
Aux estats qu'a payés Colandre [1].

Pour deux mil escus mon beau-père
Baiserait mes sœurs et ma mère
Fût-il tout couvert de haillons;
Et, quand j'entre dans sa famille,
Il me donne des millions
Pour me faire baiser sa fille.

CHANSON

Sur l'air du *Confiteor* ou de *la Sénéchalle.*

Crozat joint au comte d'Evreux
Ne doit pas causer de surprise.
L'on voit du côté de tous deux
D'illustres parents dans l'Eglise :
L'un est doyen des cardinaux
Et l'autre doyen des bedeaux.

Après avoir associé ainsi le cardinal de Bouillon et le bedeau Crozat, les pamphlétaires du temps n'épargnèrent pas davantage la mère de la comtesse d'Evreux et prétendirent qu'elle avait commencé sa carrière en qualité de blanchisseuse. Or, il résulte des dossiers bleus du Cabinet des titres [2] qu'Antoine Crozat avait épousé, le 10 juin 1690, Marguerite Le Gendre d'Armény, fille cadette de François, secrétaire du Roi, et de Marguerite Le Roux, laquelle mourut le 11 décembre 1726, à l'âge de quatre-vingt-huit ans.

D'autres documents établissent que François Le Gendre avait été « fermier général des fermes du Roi » et il est qualifié « écuyer » lors de son élection comme capitoul en 1690. Son fils devint intendant à Montauban en 1709 et son arrière-petit-fils, Emmanuel Le Gendre, épousa, le 27 juin 1786, Marie-Anne

1. Colonel du régiment des vaisseaux.
2. Vol. 226 et 309, dossier 5755 et 5855; *Mémoires de Saint-Simon*, t. XIV, p. 362, note 8, et p. 363, note 5.

Desazars de Montgailhard, fille de Jean-François Desazars, marquis de Montgailhard, qui avait été capitoul en 1753.

Les papiers Joly de Fleury contiennent, dans les dossiers de Bouillon[1], une lettre de félicitations, mais toute épigrammatique, adressée à Antoine Crozat, sur le mariage de sa fille par le protonotaire Gédéon Poutier, de l'Académie Ricovrati de Padoue[2].

Le mariage de la comtesse d'Évreux ne devait pas être heureux. C'était pourtant une femme fort aimable, et elle s'est rendue célèbre par la vivacité de son intelligence et la culture de son esprit. L'abbé Le François avait écrit pour elle et lui avait dédié une *Méthode abrégée et facile pour apprendre la géographie.* Ce traité a été souvent réimprimé et est resté célèbre en librairie, comme livre d'éducation, sous le nom de *Géographie de Crozat.*

Le comte d'Évreux ne témoigna à sa femme que de la froideur et la délaissa pour la chasse et les maîtresses. Il avait d'ailleurs un caractère difficile et susceptible. Il était de plus très ambitieux ; et, quand il était déçu dans ses espérances, il ne manquait pas de se venger de ceux dont il croyait avoir à se plaindre. C'est ainsi que le prince d'Auvergne étant mort peu après son mariage avec Marie-Anne Crozat, et n'ayant pu avoir, comme son oncle, ni son logement à Versailles, qui fut donné au duc de Villars, ni son gouvernement du Limousin, qui fut donné au duc de Brunswick, il ne le pardonna ni à l'un ni à l'autre, se plaignit amèrement surtout de ce dernier et lui montra, dans la suite, une froideur des plus marquées.

Saint-Simon, qui ne l'aimait pas, raconte une nouvelle affaire qui lui arriva l'année suivante (1708) avec les valets de la chambre du Roi, à l'occasion de sa prestation de serment comme colonel général de la cavalerie. « Le monopole du serment, dit-il, était toujours allé croissant. D'une libéralité légère à ceux qui prennent et rendent le chapeau, cela s'était tourné en

1. Bibliothèque nationale, ms. 2458, fol. 346-347.

2. *Mémoires de Saint-Simon.* Additions et corrections à la page 364, note 3 (p. 645).

droit par l'usage, et le droit avait toujours grossi par la sottise des uns et l'intérêt des autres. Depuis plusieurs années, il y en avait quantité montée à 7 ou 8,000 livres. Il ne fallait pas se brouiller avec des valets que le Roi croyait et aimait mieux que personne, sans exception d'aucun, si ce n'était de ses bâtards, et qui, par la fréquence des heures longues qu'ils passaient seuls avec le Roi tous les jours, pouvaient quelquefois servir, mais incomparablement plus nuire, et qui ont bien rompu des fortunes. Le comte d'Évreux paya en argent blanc. Ils s'offensèrent, ils dirent qu'ils ne recevaient qu'en or, et firent grand vacarme[1]. »

L'incident n'eut pas de suites. Le comte d'Évreux ne tarda pas à quitter Paris pour aller rejoindre l'armée de Flandre avec son cousin, le duc de Vendôme, qui fut rappelé d'Italie et chargé de venger la défaite de Ramillies. Mais Vendôme ne voulut accepter le commandement qu'avec pleins pouvoirs de tout ordonner et de tout diriger, quoique le duc de Bourgogne, fils du dauphin, fût en nom le généralissime. Le duc de Bourgogne n'avait d'ailleurs que vingt-six ans et n'avait jamais commandé une armée. Il ne pouvait donc avoir la confiance des soldats ni l'expérience de la guerre. Mais il était entouré de courtisans ambitieux et on pouvait s'attendre à de prochains conflits entre lui et le duc de Vendôme. Les caractères étaient en outre tout différents : l'un, « dévot, timide, mesuré à l'excès, renfermé, raisonnant, pesant et compassant toutes choses, vif néanmoins et absolu, mais, avec tout son esprit, simple, retenu, considéré, craignant le mal et de former des soupçons, se reposant sur le vrai et le bon, connaissant peu ceux auxquels il avait affaire, ordinairement incertain et trop porté aux minuties »; l'autre, au contraire, « hardi, audacieux, avantageux, impudent, méprisant tout, abondant en son sens avec une confiance dont nulle expérience n'avait pu le déprendre, incapable de contrainte, de retenue, de respect, surtout de joug, orgueilleux au comble en toutes sortes de genre, âcre et intraitable à la

1. *Mémoires de Saint-Simon*, t. VI, p. 89.

dispute, et hors d'espérance de pouvoir être ramené sur rien, accoutumé à régner, ennemi jusqu'à l'injure de toute espèce de contradiction, toujours singulier dans ses avis et fort souvent étrange, impatient à l'excès de plus grand que lui, d'une débauche également honteuse et abominable, également continuelle et publique, dont même il ne se cachait pas par audace; ne doutant de rien, fier du goût du Roi si déclaré pour lui et pour sa naissance, et de la puissante cabale qui l'appuyait, fécond en artifices avec beaucoup d'esprit et sachant bien à qui il avait affaire; tous moyens bons sans vérité, ni honneur, ni probité quelconque, avec un front d'airain qui ose tout, qui entreprend tout, qui soutient tout, à qui l'expérience de l'état où il s'est élevé par cette voie confirme qu'il peut tout, et que, pour lui, il n'est rien qui soit à craindre »; — tels sont les deux personnages que nous présente Saint-Simon avant de les mettre aux prises dans les Flandres[1].

C'était le vendredi matin, 4 mai 1708, que le duc de Vendôme avait reçu les pleins pouvoirs du Roi, et il avait fixé son départ au lundi suivant.

Au lieu de rester à la Cour pendant ces quelques jours, il se hâta d'aller à Clichy pour les passer chez Antoine Crozat. Il n'y eut pas moyen de le faire demeurer à Marly pour y attendre l'arrivée de Bergeyck, gouverneur de Flandre, venant tout exprès de Mons pour conférer avec le Roi. Bergeyck arriva le lendemain, samedi 5 mai, fit ses rapports au roi, et Louis XIV l'envoya aussitôt avec Chamlay et Puiségur, les conseils habituels du duc de Bourgogne, à Clichy, pour conférer avec le duc de Vendôme.

« Ils l'y trouvèrent, dit Saint-Simon[2], dans le salon de la maison Crozat, au milieu d'une nombreuse et fort médiocre compagnie, qui se promenoit les mains derrière le dos. Il fut avec eux et leur demanda ce qui les amenoit. Ils lui dirent que le Roi les envoyoit vers lui. Sans les tirer seulement dans une

1. *Mémoires*, t. XVI, p. 9.
2. *Mémoires*, t. XVI, p. 32.

fenêtre, et sans bouger de la même place, il se fit expliquer à voix basse de quoi il s'agissait. La réponse du héros fut courte : il leur dit tout haut qu'il seroit sur la frontière presque aussitôt que Bergeyck à Mons; que, sur les lieux, il travailleroit avec plus de justesse; et, avec une demi révérence et une pirouette, il alla rejoindre la compagnie qui s'était éloignée par discrétion. »

Cette attitude indigne Saint-Simon. Louis XIV fut moins susceptible. Au récit de Puységur, il se contenta d'un simple geste « qui fit connoître ce qu'il pensoit ». Et il envoya Bergeyck travailler et dîner chez Chamillart. Après quoi, il lui montra ses jardins.

De telles antipathies entre le duc de Vendôme et l'entourage du duc de Bourgogne ne devaient pas tarder à porter leurs fruits.

Les débuts de la campagne furent heureux. Gand capitula et Bruges se rendit avec la même facilité. Mais le combat d'Audenarde fut un échec, et les troupes françaises durent rétrograder sur Gand. Le duc de Bourgogne écrivit à sa femme que la faute en était au duc de Vendôme, qui avait retardé de deux jours la marche de l'armée. Le duc de Vendôme eut d'ardents défenseurs, d'abord l'italien Alberoni, auquel il avait fait obtenir une pension de 3,000 livres, puis le poète toulousain Campistron, qui était son secrétaire des commandements, enfin son cousin, le comte d'Évreux, gendre d'Antoine Crozat, qui fut pour ainsi dire son aide de camp pendant toute cette campagne.

Celui-ci écrivit à son beau père Antoine Crozat une apologie complète du duc de Vendôme, et il n'y ménageait pas le duc de Bourgogne. Cette lettre était faite pour être montrée et Antoine Crozat n'eut garde de la tenir secrète. Il faut lire les *Mémoires de Saint-Simon*, qui n'aimait pas le comte d'Evreux et encore moins le parvenu Crozat, pour juger de l'esclandre qu'elle occasionna. Ils s'expriment ainsi [1] : « Touché de l'honneur du

1. T. XVI, pp. 236 et s.

maître auquel il s'était donné, plus encore de se parer d'une lettre que lui écrivait un gendre dont il se faisait un si grand honneur, Crozat la montra quatre jours durant à qui la voulut voir et en laissa échapper quelques copies. Le bruit qu'elle fit réveilla Mme de Bouillon qui avait infiniment d'esprit et qui frémit des suites. Elle courut chez Crozat, lui chanta pouille d'avoir ainsi commis son fils, avec cette hauteur et cet air imposant dont elle savait faire un si grand usage, n'eut point de repos qu'elle n'eût retiré le peu de copies que Crozat en avait laissé glisser, et dépêcha à son fils pour lui faire honte et peur de sa folie et lui demander une autre lettre à Crozat qu'on pût faire passer pour la première et l'unique, puisqu'il n'y avait pas moyen de nier qu'il en avait écrit une, et qui fût tournée de manière à pouvoir être montrée sans danger, et néanmoins passer pour la première...

« En même temps que la lettre d'Alberoni et les extraits des deux autres devinrent publics, la cabale se déchaînait par degrés en cadence. Leurs émissaires paraphrasaient les lettres dans les cafés, dans les lieux publics, parmi la nation des nouvellistes, dans les assemblées de jeu, dans les maisons particulières. Les halles même, dont Beaufort fut roi si longtemps dans la minorité de Louis XIV, en furent remplies ; les mauvais lieux, le Pont-Neuf en retentirent ; les provinces les plus éloignées en furent soigneusement remplies. Les vaudevilles, les pièces de vers, les chansons atroces sur l'héritier de la couronne, et qui érigeaient sur ses ruines Vendôme en héros, coururent par Paris et par tout le royaume avec une licence et une rapidité qu'on ne se mit en aucun soin d'arrêter : tandis qu'à la Cour et dans le grand monde les libertins et le bel air applaudirent, et que les politiques raffinés, qui connaissaient mieux le terrain, s'y joignirent et entraînèrent si bien la multitude qu'en six jours il devint honteux de parler avec quelque mesure du fils de la maison dans sa maison paternelle. En huit jours, cela devint dangereux, parce que les chefs de meute, encouragés par le succès de leur cabale si bien organisée, commencèrent à se montrer, à prendre fait et cause, et à laisser sentir qu'ils la regardaient tellement comme la leur que quiconque oserait contredire aurait tôt ou tard affaire à eux. »

Averti de ce qui se passait par Mme de Maintenon, Louis XIV s'émut des lettres qu'on avait fait circuler. Il en parla en plein Conseil d'Etat et demanda avec quelque chaleur si on en avait jamais ouï parler. On répondit, un peu en tâtonnant, qu'on n'avait vu que la lettre d'Alberoni; et, comme le Roi témoigna le désir de la connaître, Torcy la tira de sa poche et, par ordre du Roi, en fit la lecture.

« Le Roi se récria, raconte Saint-Simon[1], mais toutefois ménageant un peu M. de Vendôme, et demanda assez sévèrement à Chamillart pourquoi il ne lui avait point parlé de ces lettres. Il s'en tira en niant qu'il les eût vues; mais sur-le-champ il reçut ordre du Roi d'écrire de sa part à Vendôme, à son Albéroni (ce fut son terme), à Crozat et à son gendre (ce fut encore son expression) des lettres fortes, et aux trois derniers qu'ils mériteraient punition et ordre de demeurer encore en silence. A Crozat en particulier, défense de laisser voir à qui que ce fût la lettre du comte d'Evreux, et cela fut exécuté. Je ne comprends pas comment Campistron fut oublié. Le Roi sentit peut-être que la gravité de son crime demandait plus que des paroles et voulut éviter à Vendôme un châtiment qui retombait sur lui. Les ministres, de leur côté, timides, se contentèrent de répondre et n'osèrent rien dire de leur chef. Telle était la terreur de Vendôme et de sa cabale jusque dans le Conseil du Roi, et telle la réduction de la vérité et de Mgr le duc de Bourgogne dans l'intimité du cabinet du Roi, son grand-père.

« Crozat sortit mieux d'affaires par la prévoyance qu'avait eue Mme de Bouillon. M. de Bouillon arrivait de Turenne où il avait fait un voyage, dans lequel il s'était donné la plate satisfaction de brûler le maréchal de Noailles en effigie de paille et de carton à califourchon sur son petit château d'Ayen, comme les Anglais brûlent un pape de paille tous les ans à Londres.

1. *Mémoires*, t. XVI, p. 243.

Ils étaient alors dans la plus grande animosité de leur éternel procès sur la mouvance et les droits de Turenne. Il trouva tout ce vacarme. Instruits par sa femme de ce qu'elle avait fait, ils distribuèrent la seconde lettre du comte d'Evreux qu'ils assurèrent fermement être l'unique que leur fils eût écrite, et la véritable qui, sans parler des généraux, disait seulement qu'il n'y avait rien de gâté et que l'armée était de 80,000 hommes, pleine de courage, et s'en tenait sur ces généralités sans entrer en rien. Ils blâmèrent l'imprudence du comte d'Evreux, et M. de Bouillon alla porter cette lettre au Roi et lui faire une apologie, ce dont le besoin et le fréquent usage de sa race leur ont donné à tous une grande expérience. Mais cette seconde lettre en disait trop peu pour pouvoir passer pour la première. Il se trouva des gens charitables qui le firent sentir au Roi et à Mme de Maintenon, et qui leur contèrent le tour de politique et de sagesse de Mme de Bouillon, de sorte qu'ils n'en furent pas les dupes. Pour M. de Bourgogne, il le fut ou le voulut bien être tout du long. Il reçut les apologies et les protestations du comte d'Evreux et chercha à lui faire oublier le dégoût de la réprimande que le Roi lui avait fait faire en lui marquant des bontés et des distinctions qui scandalisèrent étrangement contre lui, et qui refroidirent à son égard l'armée et beaucoup de ceux qui tenaient pour lui à la Cour [1]. »

Sans adopter sur la perte de la bataille d'Audenarde toutes les assertions de Saint-Simon, qui a traité le duc de Vendôme avec beaucoup de sévérité, on ne peut nier que ce général ne fit, dans cette occasion, aucune disposition pour empêcher la jonction du prince Eugène avec Marlborough, ni pour opérer la sienne avec le maréchal de Berwick qui lui amenait des renforts, ni enfin pour résister à une attaque qu'il devait prévoir.

Dès que cette déplorable campagne fut terminée par la prise de Lille, sans que l'armée française fit rien pour l'empêcher, le duc de Vendôme rentra à Paris et y fut accueilli avec beaucoup d'empressement, non seulement par Louis XIV, mais encore

1. *Mémoires de Saint-Simon*, t. XVI, pp. 344 et 345.

par le dauphin, père du duc de Bourgogne, qui donna tous les torts à son fils.

Le duc de Vendôme put d'autant plus couvrir de sa faveur tous ceux qui l'approchaient, et en particulier Antoine Crozat dont il avait fait son ami et presque son allié.

A cette époque surtout Antoine Crozat paraît avoir abandonné le Languedoc sans esprit de retour. En 1694, il avait acheté une terre sous faculté de réméré pour compléter son domaine de Barthecave, dans les consulats de Préserville et de Villèle. Il s'était fait représenter dans l'acte par son frère cadet, « Messire Jean Crozat, prêtre, docteur en théologie, conseiller du Roi au Parlement de Toulouse et vicaire général de Mgr l'Archevêque ». En 1705, lorsque le vendeur renonce à exercer le réméré, Jean Crozat se qualifie « sous-doyen des conseillers ecclésiastiques de la grand'chambre du Parlement de Toulouse, seigneur de Préserville et Barthecave », tandis qu'Antoine est qualifié « écuyer, conseiller du Roi, receveur général des finances de la généralité de Bourdeaux ».

Le 24 janvier 1696, Jean Crozat consent vente d'une partie des terres achetées par son père. Il déclare, dans l'acte, agir « comme procureur fondé de noble Antoine Crozat, écuyer, seigneur de Préserville, conseiller du Roi et receveur général des finances de Guienne, héritier sous bénéfice d'inventaire de feu noble Antoine Crozat, ancien capitoul de Toulouse, seigneur de Préserville et Barthecave, leur père, suivant la procuration générale du 30 décembre 1690 ».

Enfin, le 4 novembre 1711, Messire Jean de Crozat, abbé de Genlis, conseiller en la grand'chambre du Parlement de Toulouse, fait vente de la terre et seigneurie de Préserville et de Barthecave à noble Jean-Pierre de Caussade, avocat au Parlement, ancien capitoul de Toulouse. Le 5 février 1712, cette vente est ratifiée à Paris par « Messire Antoine Crozat, baron de la Faulche, seigneur du Marquisat de Moy, des terres de Blanville, Braincourt et autres lieux, demeurant place Louis-le-Grand, paroisse Saint-Roch », et par Pierre Crozat, « écuyer, son frère, demeurant rue de Richelieu, paroisse Saint-Eustache ». Il est spécifié dans cet acte de ratification que, depuis l'acte de vente du 4 novembre précédent, Jean Crozat, abbé de Genlis, est devenu maître des requêtes[1].

Après avoir ainsi vendu toutes ses terres en Languedoc, nous voyons Antoine Crozat acheter une nouvelle terre en Bretagne et en prendre le titre avec celui de la terre de Moy qu'il possédait déjà et qu'il avait acquise en 1707 du prince de Ligne, obligé de la vendre pour payer ses dettes. La terre de Moy était venue au prince de Ligne de son oncle Henri de Lorraine, lequel l'avait fait héritier de tous ses biens par testament du 2 décembre 1660 et ses codicilles du 30 mars 1662, à condition qu'il porterait les nom, armes et livrées de Lorraine et de Moy. Désormais, Antoine Crozat s'intitule : « Marquis du Chastel et de Moy. »

Il n'abandonna pas pour cela ses grandes opérations commerciales.

Les Français qui, depuis plus d'un siècle, étaient en possession du Canada, devenu entre leurs mains une source intarissable de richesse, ne désiraient rien tant que d'accroître leur domination dans cette nouvelle « terre promise ». La Salle, gouverneur du Canada, descendit le Mississipi, s'arrêta au pays des Chicasas, y bâtit le fort Prudhomme, poursuivit son voyage et atteignit le Grand-Golfe. Enthousiasmé de la beauté du pays, il lui donna le nom de Louis XIV et l'appela « la Louisiane ». Le Roi, auquel il fit part de la découverte, lui en confia la colonisation en 1682; mais La Salle échoua et résigna ses fonctions. Yberville lui succéda en 1698 et dut faire de même.

Louis XIV, qui connaissait l'intelligence et l'habileté d'Antoine Crozat, le chargea de reprendre l'œuvre de La Salle et d'Yberville et lui concéda, le 14 décembre 1712, le privilège du commerce exclusif de la Louisiane pour quinze années. Crozat devait avoir pendant ce temps « le droit de faire seul le commerce dans toutes les terres possédées par Sa Majesté et

1. Archives de la famille Pons-Devier.

bornées par le Nouveau Mexique et par la possession des Anglais de la Caroline dans tous les établissements, ports, havres, rivières, depuis le bord de la mer jusqu'aux Illinois, etc. ».

Il lui était, en outre, « accordé pour lui, ses hoirs ou ayants cause, la propriété de tous les établissements et manufactures qu'il ferait dans ledit pays pour la sode, l'indigo, laines, cuirs, mines, minières et minéraux, et celles des terres qu'il ferait cultiver avec les logements, bâtiments et moulins qu'il ferait construire, etc., le tout compris dans le gouvernement de la Louisiane, qui sera dépendant du gouvernement de la Nouvelle France ».

Aussitôt, Antoine Crozat fait pour cette colonie des embarquements considérables, donne un grand renom au commerce colonial et développe considérablement la marine marchande. Il sert également les intérêts de l'Etat et procure à beaucoup d'officiers l'occasion d'avantageuses et brillantes carrières. Mais il devait échouer dans son entreprise comme ses prédécesseurs La Salle et Yberville. Les bénéfices ne répondant pas aux avances qu'il avait faites, au bout de cinq ans, en 1717, il résigna son privilège qui fut donné, par lettres patentes en forme d'édit, datées du mois d'août et enregistrées au Parlement le 6 septembre, à une nouvelle compagnie de commerce, laquelle prit le nom de *Compagnie d'Occident* ou du *Mississipi,* et servit de base aux désastreuses spéculations de Law (1718-1720), puis fut concédé à la célèbre Compagnie des Indes.

« Il y avait, dit Saint-Simon, beaucoup de friponnerie dans le système financier de Law. En voici un fait particulier. Dans l'année 1719, la Compagnie des Indes n'était pas encore parfaitement établie; elle s'associa avec plusieurs gros particuliers pour acheter des marchandises. M. Crozat, cordon bleu par charge, qui était un des plus riches particuliers de l'autre règne pour son commerce maritime, ayant vingt millions de biens, avait mis deux millions en société avec la Compagnie des Indes. Les marchandises étaient arrivées en décembre et avaient augmenté des deux tiers. M. Crozat, jugeant le moment favorable pour la vente, s'en ouvrit à Law. Mais Law lui répondit qu'il n'avait rien à prétendre sur ces marchandises, que le Roi avait tout adjugé à la Compagnie des Indes par arrêt du Conseil, sauf à poursuivre au remboursement des capitaux intéressés et à payer l'intérêt de l'argent à 2 p. 100. Pour le remboursement, on donna deux millions de comptes en banque, ce qui est un fonds perdu et imaginaire, en sorte que la Compagnie des Indes retint toutes les marchandises sans qu'il en coutât rien. Le dernier jour, MM. Crozat et Law étaient chez le Régent. Celui-ci demanda à M. Crozat pourquoi il ne mettait rien en compte en banque. Il lui répondit : « Monseigneur, j'y voulais mettre cent mille écus, ce qui me suffisait pour mes correspondances ; mais de force on m'y fit mettre davantage, car j'y ai à présent deux millions qu'on m'a pris. » Law, qui voulait peut-être éviter la suite de cette conversation, dit à Crozat : « Mais, Monsieur, pourquoi ne faites vous pas revenir l'argent que vous avez en pays étranger ? » — « Monsieur, répondit Crozat, S. A. R. me parle compte en banque. Quand elle me parlera d'autre chose, j'aurai l'honneur de lui répondre. » Le Régent ne dit mot. « On voit par là, conclut Saint-Simon, que Law était fripon et insolent, sans doute; mais on voit aussi que Crozat avait un grand crédit à la Cour et qu'il y était puissant pour tenir un aussi fier langage. »

Il ne pouvait en être autrement avec les hautes relations qu'avait Antoine Crozat et les services qu'il était sans cesse appelé à rendre soit aux plus grands personnages, soit au gouvernement lui-même. Ainsi, en 1715, il avait prêté au Gouvernement trois millions pour l'aider à se tirer de l'embarras où l'avait placé un déficit de 78 millions. Mais Crozat avait mis à ce prêt la condition d'être investi de la charge de grand trésorier de l'Ordre du Saint-Esprit qui lui donnait le droit de porter le cordon bleu : ce qui fut fait le 28 septembre 1715. Il succéda dans cette charge non pas à l'avocat général Chauvelin, ainsi qu'on l'a dit par erreur, mais à Gaston-Jean-Baptiste Terrat, marquis de Chantosme, chancelier de Philippe, petit-fils de

France, duc d'Orléans, lequel était mort le 2 août précédent.

Antoine Crozat reçut, en outre, le brevet de promesse d'être fait chevalier de l'Ordre à la première promotion. Mais, à la mort de Louis XIV, il eut commandement de vendre sa charge à Charles-Gaspard Dodun, reçu conseiller au Parlement de Paris en 1679 et devenu contrôleur général des finances. Saint-Simon en donne la raison suivante : c'est qu'il y avait « indécence à voir faire à ce financier les fonctions de cette charge, lorsque, le lendemain du sacre, le roi (Louis XV) recevrait l'Ordre des mains de l'archevêque de Reims ». Le sacre eut lieu le 25 octobre 1722, et l'on n'inquiéta pas autrement Crozat, par égard pour son patron, le Régent; mais il fut forcé de se démettre en février 1724[1].

Pour juger de la fortune d'Antoine Crozat et de l'importance des affaires qu'il avait coutume de faire, il suffit de rappeler certains incidents rapportés par les Mémoires du temps.

Ainsi, en 1712, et le mardi 7 juin, on vint annoncer à Antoine Crozat qu'il était arrivé dans un port de Bretagne un vaisseau venant de la mer du Sud et chargé de plus de 10 millions en argent monnayé ou en barres, dont il y avait 2 millions pour le roi d'Espagne, 4 millions pour les Espagnols, et le reste pour lui et ses associés. Ce vaisseau avait été pris par Rocmador, capitaine d'un vaisseau du Roi, au mois de mars, auprès du cap de Bonne-Espérance. C'était un vaisseau anglais revenant des Indes orientales; et, comme la trêve n'était pas encore signée entre la France et l'Angleterre, le vaisseau était de bonne prise et la principale part était pour Crozat.

En 1714, le jeudi 26 juillet, Antoine Crozat fut avisé que deux vaisseaux arrivant de la mer du Sud venaient d'entrer dans le port de Saint-Malo. Ils apportaient 20 millions, dont la plupart revenaient à Antoine Crozat.

L'année suivante (1715), et le mercredi 25 juillet, on recevait à Versailles la nouvelle de l'arrivée à Port-Louis de deux

1. *Mémoires de Saint-Simon*, t. XI, p. 206. — Voir *Revue rétrospective*, 2e série, t. X, p. 219, et *Mémoires de Mathieu Marais*, t. III, p. 88. — Moreri, *Dictionnaire*, vo Crozat.

vaisseaux, chargés de 8 millions, et qui étaient suivis de trois autres vaisseaux, apportant 7 millions. Antoine Crozat devait toucher la plus grosse partie de ces sommes.

A la mort de Louis XIV, il y eut un grand mouvement de réprobation contre ceux qu'on appelait des « traitants », nom sous lequel on désignait familièrement, et non sans malignité, les banquiers de la Cour et tous les financiers qui, moyennant « traité », faisaient des avances sur les impôts. Il en fut de même pour les fournisseurs de vivres à l'armée. On les accusait de s'enrichir aux dépens de l'Etat et on les imposa d'une façon toute spéciale en 1716. Antoine Crozat dut subir la plus forte taxation. Elle s'élevait à 6,600,000 livres, tandis que le fameux banquier Samuel Bernard ne fut taxé qu'à 4 millions[1]. Ces taxations seules indiquent suffisamment quelle devait être la fortune d'Antoine Crozat et quels bénéfices il pouvait réaliser.

Dans ces circonstances, il ne lui était pas difficile d'acquérir les plus beaux domaines. C'est ainsi que nous le voyons acheter, en 1715, et dans le mois de février, à Mlle de Montpensier, la magnifique terre de Saint-Fargeau, qui valait 20,000 livres de rente.

L'année précédente (1714), il avait acheté la baronnie de Thiers au duc de Lauzun, qui l'avait reçue en don de l'héritière de Marie, duchesse de Montpensier. La ville de Thiers, chef-lieu de la baronnie, aujourd'hui sous-préfecture du Puy-de-Dôme, comptait dix-sept mille habitants.

En 1720, le prince de Ligne, ayant dissipé la plus grande partie de sa fortune, fut de nouveau obligé, pour faire face à ses affaires, de vendre ses domaines de Thugny, Trugny, Seuil, Amagne et Biernes, situés dans les Ardennes. Il eut recours cette fois encore à Antoine Crozat, qui lui avait acheté quelques années auparavant le marquisat de Moy et la baronnie de la Faulche. Le prix de vente fut fixé à 220,000 livres, et Antoine Crozat fut mis en possession de ces nouveaux domaines par décret du 24 mai 1721.

1. Indication due à l'obligeance de M. Dumas, doyen de la Faculté des lettres de Toulouse.

Entre temps, de graves déboires étaient venus assaillir Antoine Crozat. Depuis la mort du duc de Vendôme, survenue au milieu de ses triomphes militaires en Espagne, le 11 juin 1712, les rapports s'étaient plus que jamais tendus entre le comte d'Evreux et sa femme Marie-Anne Crozat. Quand il n'était pas aux armées, le comte d'Evreux passait sa vie dans les dissipations de toute sorte. Il avait fini par négliger complètement sa femme, malgré tout son esprit, et ne cachait pas sa passion pour la duchesse de Lesdiguière, qui le suivait partout et qu'il trouvait « meilleure que la petite Crozat ». La vie finit par ne plus être tenable pour la comtesse d'Evreux. Une séparation judiciaire eut lieu, et Marie-Anne Crozat retourna chez son père où elle fut trop heureuse de retrouver sa chambre de jeune fille. Le comte d'Evreux dut restituer la dot de 2 millions qu'il avait reçue. Mais il l'avait fait fructifier par d'heureuses spéculations sur des terrains et à la banque Law, et il lui resta une fortune relativement considérable[1]. C'est ainsi qu'il avait acheté, avec la dot de sa femme, entre Ville-l'Evêque et la porte Saint-Honoré, c'est-à-dire hors Paris, en pleins champs, 30 arpents de jardins et de marais. Il y fit bâtir un hôtel qu'il revendit plus tard à la marquise de Pompadour. C'est aujourd'hui le palais de l'Elysée.

La comtesse d'Evreux ne devait pas résister à tant d'épreuves. Sa santé, déjà délicate, finit par devenir tout à fait mauvaise. Elle mourut le 11 juillet 1729 sans laisser d'enfants : elle n'avait que trente-quatre ans.

Malgré tous ces chagrins qui affectèrent profondément sa vieillesse, Antoine Crozat vécut encore longtemps, car il ne mourut que le 7 juin 1738, à l'âge de quatre vingt-trois ans. Ni le travail, ni les préoccupations, ni les échecs, ni la vie agitée et somptueuse n'avaient pu affaiblir son corps ni son esprit. Il avait toujours tenu tête à tout avec une intelligence, une sérénité et une bonne humeur qui n'avaient pas peu contri-

1. *Mémoires de Mathieu Marais*, t. II, p. 345. — Cette séparation fut plus tard cassée (*Mémoires de Saint-Simon*, t. XIV, p. 364, note 2).

bué à lui faire acquérir une des plus grosses fortunes de son temps et à lui gagner de puissantes relations et de précieuses amitiés. Si le mariage de sa fille avait été pour lui « le repentir et la douleur de tout le reste de sa vie », comme dit Saint-Simon[1], il avait eu de grandes compensations avec ses fils.

III. — PIERRE CROZAT LE CURIEUX.

Pierre Crozat était né à Toulouse en mars 1661. Il avait été surnommé plaisamment « le Pauvre », par rapport à son frère, Antoine, qu'on appelait « le Riche ». On les désignait également, l'un sous le nom de Crozat « le Curieux », et l'autre sous le nom de Crozat « le Traitant ». Tous deux s'étaient occupés de négoce et de finances comme leur père, et Pierre Crozat avait acquis, lui aussi, une grosse fortune dont il jouissait d'autant plus largement qu'il était resté célibataire.

Il avait quitté Toulouse en 1704 pour remplir les fonctions de trésorier de France à Paris, où son frère s'était déjà établi depuis plusieurs années. Ses relations commerciales et financières l'avaient souvent appelé en Italie, où il avait développé ses goûts artistiques et complété ses connaissances sur la peinture, la sculpture et la glyptique.

A cette époque, l'amour des Arts s'était fort développé à Toulouse, ainsi qu'on peut en juger par Dupuy du Grez, dont le *Traité sur la peinture* nous est resté et témoigne d'une éducation artistique très étendue. Cet état d'esprit était général en France; mais il s'était accentué à Toulouse par les enseignements de Jean Chalette (1612-1645), un Champenois qui avait joint le goût italien à l'éducation flamande, et d'Ambroise Frédeau (1650-1672), un Parisien qui avait importé dans le Midi la manière de Simon Vouet. Les élèves de Chalette, tels que Antoine Durand, Hilaire Pader, Colombe du Lys et Jean de

1. *Mémoires*, t. XII, p. 223.

Troy, y avaient également contribué. Ceux d'Ambroise Frédeau, et, en particulier, Jean-Pierre Rivalz et Marc-Arcis, avaient continué. Pierre Crozat s'était surtout laissé séduire par Raymond Lafage, originaire de Saint-Etienne-de-Vionau, commune de l'Isle-d'Albi (Tarn), et élève de Jean-Pierre Rivalz.

Raymond Lafage n'était qu'un dessinateur; mais il apportait dans ses œuvres une rare faculté d'invention et d'exécution. Et c'est avec ses dessins que Pierre Crozat commença en 1683 le cabinet artistique qui devait le rendre célèbre. Raymond Lafage arrivait à cette époque d'Italie, où il avait émerveillé par son talent les plus grands artistes de son temps. C'était un prodigieux improvisateur. Mais c'était aussi un « bohème ». Il avait usé sa vie dans le libertinage et la misère, et il ne devait pas tarder à mourir, à Lyon, des suites de son inconduite, en 1686, à l'âge de trente-deux ans.

Dès son arrivée à Paris, Pierre Crozat voulut avoir, comme son frère Antoine, une maison d'habitation en ville et une résidence à la campagne.

Il commença par acheter un terrain situé au coin de la rue Richelieu et du Rempart, aujourd'hui le boulevard des Italiens. Ce terrain avait une superficie de neuf arpents et s'étendait jusqu'à l'hôtel du Ménars en se prolongeant de l'est à l'ouest jusqu'aux terrains sur lesquels était ouverte la rue de Grammont. Ce vaste enclos s'agrandissait encore par suite d'un passage souterrain que Pierre Crozat avait fait creuser sous le Rempart et qui aboutissait aux jardins de la Grange-Batelière, c'est-à-dire entre le passage actuel de l'Opéra et la rue Drouot.

Cette acquisition faite, Pierre Crozat chargea l'architecte Cartaud de lui élever une demeure qui a fait l'admiration publique. Les travaux furent commencés dès 1704, et il ne fallut pas moins de dix ans pour les mener à bonne fin. Un plan de Paris gravé en 1758 montre l'emplacement des serres. Le long du « nouveau cours planté sur les remparts de la ville », s'étendait une orangerie monumentale, où l'on pouvait s'asseoir pour assister au mouvement du boulevard et pour prendre le frais dans les soirées d'été. Il n'y avait vis-à-vis que d'humbles guinguettes ou des maisons basses qui n'empêchaient pas de voir librement la campagne et les pentes de Montmartre.

La maison, située au milieu des beaux arbres, et tout entourée de parterres, ne comprit d'abord qu'un pavillon à un seul étage surmonté d'un attique. Mais, en 1730, Pierre Crozat voulant agrandir sa demeure s'adressa à Oppenordt, qui défigura et alourdit l'œuvre distinguée et artistique de Cartaud en la transformant en hôtel.

Pierre Crozat n'avait rien négligé pour décorer richement sa demeure de sculptures et de peintures, et s'était adressé aux premiers artistes de son temps.

Les sculptures furent exécutées par Pierre Legros, dont les ouvrages se distinguent par l'habileté et la hardiesse du faire, le grandiose du mouvement, l'expression des têtes et le fini des draperies ; mais ils ne sont pas exempts du maniérisme de l'époque.

Quant aux peintures, Pierre Crozat les confia d'abord à Charles de Lafosse, un des meilleurs artistes du temps, qui s'inspirait tout à la fois de son maître Le Brun et de Rubens, et qui savait joindre à l'entente d'une grande composition de beaux tons de couleur moelleuse et une parfaite intelligence du clair-obscur. Mais il eut surtout l'habileté de deviner le mérite d'Antoine Watteau, alors inconnu, et dont le talent était en contradiction avec les traditions académiques, seules jugées capables de véritable art. Pour faciliter leur travail, il avait logé ces deux artistes dans sa propre habitation, et il en avait fait des amis autant que des collaborateurs.

Deux appartements du rez-de-chaussée, une galerie de dix toises donnant sur les jardins et dont Lafosse avait peint le plafond représentant la *Naissance de Minerve*, une partie de l'étage en attique, où Pierre Crozat avait fait établir un salon octogone imitant la Tribune de Florence et décoré de figures par Pierre Legros, contenaient des tableaux, des pierres gravées et une nombreuse collection de dessins. Dans la salle à manger Watteau avait peint *Les Saisons*, en 1711. Ces tableaux, de forme ovale, et d'une dimension qui ne lui était pas habituelle (quatre pieds cinq pouces de haut et trois pieds neuf pouces en largeur), ont disparu sans qu'on sache ce qu'ils sont devenus, après avoir figuré en 1786 à la vente du duc de Choiseul et, en 1791 à la vente de Lebrun; mais ils ont été gravés par Desplaces, Bernard du Bos, Fessard et Audran, ce qui permet de juger tout au moins de leur composition. D'après le comte de Caylus, les personnages y étaient presque demi-nature. Puis, il ajoute : « quoiqu'il les ait exécutés d'après les esquisses de M. de La Fosse, on y voit tant de manière et de sécheresse qu'on ne saurait rien en dire de bon ». Le comte de Caylus était un ami de Watteau, et l'on sait combien les amis sont peu indulgents. D'autre part, le comte de Caylus était féru de classicisme et il ne pouvait pardonner à Watteau de ne pas suivre les traditions académiques. Enfin, le comte de Caylus se trompait assurément, car, en 1711, Watteau avait déjà vingt-sept ans et il n'avait pas besoin des esquisses de Lafosse pour faire preuve d'invention et d'esprit. Il suffit d'ailleurs de regarder les gravures qui ont été faites des *Saisons* pour reconnaître que les allégations du comte de Caylus sont dénuées de vraisemblance. On en peut surtout juger par le tableau représentant le *Printemps*, où Flore, dépourvue de toute draperie et de toute parure, est couronnée par Zéphire. Les parties nues comme les traits du visage accusent foncièrement la manière de Watteau, et non celle de Lafosse. Edmond de Goncourt a possédé les dessins originaux du *Printemps* et de *l'Automne*, et il affirme que « ces académies sont du dessin le plus accentué et le plus caractérisé de Watteau ». Quant à sa couleur, elle se perfectionna chez Pierre Crozat, grâce aux peintures merveilleuses des artistes vénitiens que ce dernier avait recueillies et qui apprirent à Watteau à peindre des carnations chaudes et ambrées à la façon de Giorgione.

Charles de Lafosse avait d'ailleurs plus de soixante-dix ans à cette époque. Il se bornait à descendre à la salle à manger pour y voir peindre Watteau. Et il l'estimait si fort qu'il le fit entrer à l'Académie en 1712. Watteau y fut aidé par Antoine Coypel, alors directeur de l'Académie, et surtout par le fils de ce dernier, Charles-Antoine Coypel, qui se chargea de faire les démarches officielles dont Watteau eût été incapable par nonchalance autant que par sauvagerie.

Watteau avait été d'autant plus heureux d'accepter l'hospitalité de Pierre Crozat qu'il espérait échapper ainsi à l'importunité des quémandeurs. Il était, en effet, devenu la proie de tous les curieux et de tous les oisifs qui s'intéressaient aux beaux-arts. Le premier venu lui demandait un dessin, un croquis, un rien; et ce rien était tout Watteau, a dit Arsène Houssaye. Quelquefois on allait jusqu'à lui demander son portrait; et, s'il savait le refuser parfois aux indiscrets, il n'en était pas de même lorsqu'il s'agissait d'une jolie femme. Pendant quelque temps, il put jouir d'une certaine liberté. Mais, bientôt, les visiteurs de la galerie Crozat se mirent à demander à voir Watteau comme une des curiosités du logis. Et le pauvre peintre, pour se soustraire à ses admirateurs, finit par s'en aller ailleurs, chez son ami le paysagiste Wleughels. Dans sa nouvelle demeure, il trouva enfin un peu de loisir et en profita pour se reposer.

Pierre Crozat possédait, en outre, à Montmorency une villa élégante qu'il avait fait construire en 1708 dans le genre italien par Cartaud, l'architecte de sa demeure de la rue de Richelieu. C'est là qu'il aimait à aller se reposer aux jours d'été. Le financier-artiste n'avait pu se contenter de la vue des remparts et des jardins de la Grange-Batelière. Il lui fallait des paysages plus rustiques et un milieu plus fleuri. Cette demeure avait été la propriété de Charles Le Brun, et il y restait de belles traces de son ancien maître, qui s'était surtout préoccupé des jardins. Ce n'étaient que terrasses donnant sur la campagne, boulingrins, prises d'eau tombant en cascatelles, et çà et là des balustrades et des portiques dont Charles Le Brun avait fourni les dessins.

Pierre Crozat se préoccupa surtout de transformer la maison. Charles de Lafosse fut appelé à y peindre la coupole du salon : il y représenta *Phaéton demandant imprudemment à son père la permission de conduire son char.* Pierre Legros fut chargé de sculpter dans la chapelle une gloire céleste. Antoine Watteau aimait à y résider. C'est là qu'il a puisé ses meilleures inspirations pour les paysages qui ornaient ses tableaux, et, en particulier, pour le beau petit tableau de la *Perspective*, gravé par Crépy et acquis par Guénon, menuisier du Roi.

Ces deux demeures de Pierre Crozat, celle de la ville comme celle de la campagne, étaient devenues célèbres à Paris. Mais ce qui augmentait encore la réputation de l'hôtel de la rue de Richelieu, c'étaient les incomparables collections qui l'ornaient en fait de tableaux, de dessins, de sculptures et de pierres gravées.

A elle seule la galerie de tableaux renfermait plus de quatre cents toiles de premier ordre, parmi lesquelles beaucoup étaient de Rubens. Les artistes vénitiens y étaient également représentés par de superbes peintures qui avaient fait progresser les qualités de coloriste de Charles de Lafosse et qui ont formé Antoine Watteau.

On voyait dans la demeure de Pierre Crozat un nombre presque aussi considérable de sculptures, d'admirables terres cuites de Michel-Ange, de Paul Véronèse, de François Flamand, de l'Algarde, de Bernin, de Melchior Cassa, d'Anguier, de Legros et de tous ceux qui s'étaient acquis dans le passé ou dans le présent un grand nom dans la sculpture.

Le cabinet des dessins comprenait dix-neuf mille pièces de tous les maîtres tant anciens que modernes et avait été composé avec autant de soin que de goût.

En vendant au Roi sa célèbre galerie de tableaux, le célèbre collectionneur Evrard Jabach s'était réservé une partie de ses dessins, et ce n'étaient point assurément les moins beaux : Pierre Crozat les acquit de ses héritiers. Il eut encore une partie des dessins qui avaient appartenu à M. de la Nouë, l'un des plus grands curieux que la France ait eus, et bientôt il réunit à son cabinet les dessins que la nièce de Stella avait trouvés dans la succession de son oncle et qu'elle avait conservés précieusement toute sa vie. L'abbé Quesnel avait acheté les dessins de M. Dacquin, évêque de Séez, parmi lesquels il y en avait d'excellents de Jules Romain; il avait eu les débris de la fameuse collection de dessins de Vasari : il céda l'un et l'autre à Pierre Crozat, qui acheta en outre des héritiers de Pierre Mignard deux volumes de dessins des Carrache, apportés de Rome par le célèbre portraitiste. Après la mort de M. Bourdaloue, de M. de Montarsis, de M. de Piles et de Girardon, tous noms restés célèbres dans la curiosité, Pierre Crozat choisit à leurs ventes ce qu'il y avait de meilleur. S'il fallait le suivre dans toutes les autres acquisitions de dessins qu'il fit en France, on n'en finirait point, car « tout allait à lui et il ne laissait rien échapper », assure son contemporain Pierre-Jean Mariette, qui était lui-même un connaisseur et un collectionneur des plus réputés[1].

Il ne se vendait pas en Europe un cabinet de quelque réputation que Pierre Crozat ne l'acquît en tout ou en partie. Il avait dans tous les pays des émissaires chargés de lui signaler ce qu'il y avait de mieux à vendre. Un des plus fameux graveurs d'Anvers, Corneille Vermeulen, faisait régulièrement tous les ans le voyage de Paris pour y apporter les dessins qu'il avait pu se procurer. Ces dessins étaient presque tous pour Pierre Crozat, et c'est ainsi qu'étaient entrés dans son cabinet plusieurs dessins de Raphaël et d'autres grands maîtres, d'une singulière beauté, et, en particulier, les magnifiques dessins de Rubens provenant du cabinet d'Antoine Triest, évêque de Gand. La vente du cabinet de milord Sommers à Londres, et celle de M. Vander Schelling à Amsterdam, enrichirent ses collections d'une infinité d'autres dessins capitaux. En revanche, ce fut un véritable chagrin pour Pierre Crozat lorsqu'il se vit enlever par le duc de Devonshire le célèbre cabinet de M. Flinck, à Rotterdam.

Tout importantes qu'elles furent, ces diverses acquisitions

1. Voir l'*Avis* précédant le Catalogue qu'il a donné en 1741.

n'étaient pas comparables à celles que Pierre Crozat put faire en Italie. Dans le voyage qu'il y fit en 1704, il en rapporta de véritables trésors. En passant à Bologne, il acheta des héritiers des frères Boschi leur cabinet tout entier, qui venait originairement du comte Malvasia. Il trouva à Venise, chez M. Chelchelsberg, des têtes au pastel et d'autres dessins de Baroche qui étaient sans prix. A Rome, il recueillit des collections de dessins de Carle degli Occhiali, celle d'Augustin Scilla, peintre sicilien, qui contenait un grand nombre de dessins de Polidor de Caravage, et celle du chanoine Vittoria, Espagnol, élève et intime ami de Carlo Maratti. Mais l'occasion où il fut le mieux servi, c'est celle qu'il trouva à Urbin, la célèbre patrie de Raphaël, où il put découvrir une partie considérable des dessins de ce maître illustre, tous d'une condition parfaite, qui étaient encore entre les mains d'un descendant de Thimothée Viti, l'un des plus habiles disciples du peintre de la *Transfiguration*. Ce fut sans doute dans ce même temps que Pierre Crozat fit passer dans son cabinet les dessins qu'il acquit des frères Mozelli à Vérone et le recueil qu'avait formé un cardinal de la maison de Santa-Croce, qui vivait à Rome au seizième siècle: ces deux collections ne contenaient que des dessins excellents.

De retour à Paris, Pierre Crozat ne cessa pas de se renseigner sur toutes les ventes de dessins qui se produisaient en Italie, et il en fit venir, en différents temps, la collection entière du sieur Pio, de Rome; celle du sieur Lazari, de Venise; du chevalier Ascagne della Penna, de Pérouse, dont il est parlé avec éloges par le père Morelli; de Laurent Pasinelli, fameux peintre de Bologne, qui passait pour avoir un goût aussi grand que son savoir, et, enfin, la collection de dessins venant de la succession de Dom Livio Odescalchi.

Quand on apprit à Paris la mort de ce dernier par l'ambassadeur de France, le marquis de Torcy, en septembre 1713[1], il y eut un grand émoi parmi les amateurs d'art, alors fort

1. Lettre du 23 septembre 1713 au chevalier de La Chaine, consul de France, publiée dans la *Correspondance des directeurs de l'Académie de France à Rome* (édition A. de Montaiglon, t. IV, p. 244).

nombreux. Le défunt avait acheté en 1696 au marquis Pompeo Azzolini les collections de la reine Christine de Suède, considérées comme les plus riches et les plus belles. La succession était « très chargée de dettes », et l'on prévoyait que les héritiers, Baldassar Odescalchi, duc de Bracciano, et son frère, le cardinal Odescalchi, seraient obligés de vendre « les meubles, les tapisseries, les statues et toutes les curiosités de la galerie préférablement aux terres[1] ».

Celui qui devait être le Régent, Philippe d'Orléans, s'était hâté de faire des offres d'acquisition. Mais, pendant un an et demi, l'affaire resta en suspens, d'abord parce que les héritiers Odescalchi étaient absents de Rome, puis par leurs retards calculés en vue d'obtenir une plus grosse somme.

Pour hâter la solution, Philippe d'Orléans chargea Pierre Crozat de se rendre en Italie, avec la mission d'abord de se rendre compte de la valeur de la collection, puis de conclure l'achat, s'il y avait lieu[2]. Pierre Crozat arriva à Rome le 1er novembre 1714 et se fit présenter au Pape par le duc de la Trémouille. Clément XI le reçut très aimablement. Il lui dit qu'il connaissait « ses grands biens et son goût pour la peinture et pour la musique », et ne fit aucune objection à son projet d'acheter les tableaux de la succession Odescalchi. Lorsqu'il put voir ces tableaux, Pierre Crozat fut émerveillé de leur beauté et se promit bien de ne rien négliger pour « assurer un si grand trésor à la France[3] ». Mais il se heurta aux prétentions exagérées des vendeurs, qui demandaient « cent mille escus romains » pour les « tableaux seuls », et « dix

1. Lettre du chevalier de La Chaine au marquis de Torcy, datée de Rome, 29 janvier 1713 (*Correspondance des directeurs de l'Académie à Rome*, t. IV, p. 363).

2. Voir le récit détaillé de ces négociations fait par M. D. R. Ancel, dans les *Mélanges d'archéologie et d'histoire* (Ecole française de Rome), XXVe année, fascicules III et IV, mai-août 1905, pp. 223 à 242, sous le titre : *Les tableaux de la reine Christine de Suède. — La vente au Régent d'Orléans.*

3. Lettre de Pierre Crozat au marquis de Torcy (*Correspondance des directeurs de l'Académie de France à Rome*, etc., t. IV, p. 363).

mille escus » pour les « tapisseries, statues et médailles ». Il fit une première offre de 60,000, puis de 75,000 écus. Et, après cinq mois de vaines négociations, il quitta Rome le 5 avril 1715, laissant au chevalier de la Chaine, consul de France, le soin de suivre l'affaire, et ayant des cardinaux de La Trémouille et Gualterio la promesse d'être avisé de tout ce qui pourrait l'intéresser à ce sujet.

Le cardinal Philippe-Antoine Gualterio, ancien nonce de France, abbé commendataire de Saint-Remi de Reims, était à Rome l'un des représentants les plus en vue des intérêts français. Lorsqu'il vit Philippe d'Orléans devenir régent, après la mort de Louis XIV, il se montra d'autant plus disposé à lui être agréable. Le 24 septembre 1716, il avisa Pierre Crozat qu'il avait eu avec le cardinal Odescalchi, au cours d'un consistoire, une conversation où ce dernier s'était montré « un peu plus traitable ». D'accord avec son frère, il se déclarait prêt à céder l'ensemble des collections au prix de 170,000 écus romains, exception faite des tapisseries; et, pour les tableaux seuls, il ne demandait plus que 80,000 écus. Mais le Régent ne voulut pas arriver à ce prix.

Les négociations furent reprises en 1719 par Pierre Crozat, qui n'avait jamais perdu de vue ce projet. Il s'était fait tenir au courant par Poerson, directeur de l'Académie de France, et par un banquier d'origine française, établi à Rome, du nom de Géraud. Il s'adressa directement à Baldassar Odescalchi, duc de Bracciano, et se déclara décidé à accepter les conditions faites par son frère le cardinal en 1716. Mais, dans l'intervalle, le duc avait épousé une princesse Borghèse; il avait pu payer les dettes de la succession de son frère, et il répondit de Milan, le 25 avril 1719, qu'il n'était plus dans l'intention de se défaire de ses collections. Il ajoutait, cependant, qu'il consentirait à céder sa collection seule de tableaux moyennant cent mille écus romains, plus mille louis d'or *di regallo*; et il s'engageait à maintenir cette proposition pendant les trois mois suivants de mai, juin et juillet.

En vain Pierre Crozat multiplia ses instances. Le duc resta

intraitable. Il chargea Le Brun de confirmer ses prétentions pendant qu'il faisait répandre le bruit que ses tableaux étaient convoités par des seigneurs d'Allemagne. Ces propos causaient à Paris la plus vive émotion. Aussi Pierre Crozat, sous l'impulsion du Régent, insistait-il plus que jamais auprès du cardinal Gualterio pour qu'il conclût l'affaire.

Le duc de Bracciano, qui n'avait pas quitté sa résidence de Milan, finit par céder à ces instances, et, en mai 1720, il donna à deux de ses amis de Rome, l'abbé Calcaprima et l'évêque G.-B. Mesmer, « l'entière faculté de conclure, et, dans le cas où on resterait d'accord, de faire la remise des tableaux[1] ». De son côté, Pierre Crozat, au nom du Régent, laissait le cardinal Gualterio « le mestre de terminer cette affaire le mieux que faire se pourra[2] ». Mais Pierre Crozat ne put obtenir la vente totale des collections qu'il convoitait. Le duc n'entendait vendre que les tableaux seuls, et il en demandait 95,000 écus. Les pourparlers se prolongèrent. Pierre Crozat finit par capituler et paı accepter le prix demandé[3].

Il semblait que tout était terminé lorsque surgirent de nouvelles difficultés. Un critique d'art, Guibert, chargé de vérifier les tableaux, prétendit que plusieurs d'entre eux étaient ou « douteux, ou réparés, où gâtés ». Un instant, on craignit, en outre, que le duc de Bracciano n'en eût détourné quelques-uns pour les faire transporter à Milan ; mais, vérification faite, c'étaient des tableaux achetés « de-çà, de-là », par Dom Livio et ils n'avaient jamais fait partie de la collection de la reine de Suède.

Sur ces entrefaites, le duc de Bracciano émit une nouvelle prétention, celle de ne vendre que les toiles et de garder les cadres pour des copies destinées à conserver en « apparence... la parure de sa maison ». Le cardinal Gualterio s'indigna de

1. Lettre de Baldassar Odescalchi à Crozat, datée de Milan, le 23avril 1720.

2. Lettre de Pierre Crozat à Gualterio, datée de Paris, le 4 juin 1720.

3. Lettre de Pierre Crozat à Gualterio, datée de Paris, le 30 juillet 1720.

cette exigence imprévue et la qualifia de « chicane », voire de « vilenie ». Il en référa à Pierre Crozat, et celui-ci répondit que le Régent consentait à laisser les cadres, mais non à abandonner les tableaux transportés à Milan, car ils faisaient partie de la galerie de la Reine de Suède, et ils étaient, par suite, compris dans le marché proposé. La difficulté ne fut tranchée qu'après que la vente fut conclue, lorsqu'il s'agit de prendre possession des tableaux. Le mandataire du Régent, M. de la Chaine, se présenta avec un inventaire de la galerie rédigé du vivant de Dom Livio et remis par ce dernier à Pierre Crozat. De son côté, l'agent du duc de Bracciano, Mesmer, opposa un autre inventaire, assez différent du premier et attribué à François Monneville, alors décédé, qui avait été également chargé de négocier cette vente. Le cardinal Gualterio l'ayant accepté, Pierre Crozat protesta. Il avait toujours « cru que l'inventaire que le prince Livio lui avait fait remettre quatre ans avant qu'il allât à Rome conservait sa valeur ». Mais il finit par se résigner à subir les prétentions du vendeur puisque le Régent souhaitait d'avoir les tableaux. Il put cependant obtenir que trois des dix-neuf tableaux qu'il avait réclamés comme venant sûrement « de la feue Reine », et qui n'avaient pas été mentionnés dans l'inventaire parce qu'ils avaient été enlevés à une église, seraient compris dans la vente; ces trois tableaux étaient attribués à Raphaël.

Le contrat de cette vente put enfin être signé le 14 janvier 1721[1]. En remerciant de ses soins, au nom du Régent, le cardinal Gualterio, Pierre Crozat le félicita d'avoir terminé cette affaire plus avantageusement même qu'on ne l'avait espéré, puisqu'il avait obtenu que les bordures seraient com prises dans la vente. Mais, comme elles étaient inutiles, il l'autorisait à les laisser au Duc en échange de trois tableaux de Rubens et de Titien qu'il lui désignait. Le duc de Bracciano ne voulut pas consentir à cette proposition. Il maintint seule-

1. Le texte de ce contrat a été publié par M. Grauberg dans son ouvrage intitulé : *La galerie de tableaux de la reine Christine de Suède* (Stockholm, 1897), pp. CVII-CIX.

ment son offre de deux petits tableaux de Raphaël, que Gualterio finit par accepter.

Somme toute, si elles avaient été longues et laborieuses, ces négociations se soldaient par un gain de trois tableaux de Raphaël qui ne faisaient pas partie de la collection de la Reine de Suède, et par deux autres petits tableaux, également de Raphaël, distincts, eux aussi de cette galerie. De plus, le cardinal Gualterio avait obtenu, quelque temps auparavant, que le prix d'achat fût réduit à 93,700 écus[1].

De son côté, Pierre Crozat bénéficiait personnellement d'un cadeau de « cent dessins », parmi lesquels il s'en trouva « une soixantaine de raisonnables. Les autres, à la vente, n'auraient pas mérité le port... » En retour, il avait promis d'envoyer au Duc de Bracciano du vin de Champagne. Il s'excusa de ne pouvoir remplir sa promesse sur « le défaut du commerce à cause de la contagion[2] ».

Jusqu'à sa mort, Clément XI refusa obstinément de laisser partir la précieuse galerie, car c'était priver Rome d'un de ses plus beaux trésors. Ni les lettres du Régent, ni les instances de ses ambassadeurs ne purent faire fléchir sa résistance. Le Régent dut se résigner à faire placer dans le palais de l'ambassade de France les tableaux qu'il avait achetés « pour servir d'études aux Académiciens que le Roi entretenait à Rome ». Ce fut seulement en juin 1721 que le cardinal de Rohan obtint d'Innocent XIII « la promesse positive de donner la permission » de les transporter en France.

De nouvelles complications se produisirent pour le paiement, la reconnaissance, l'emballage et le transport des tableaux. Ils finirent cependant par arriver à Paris. Et, lorsque Pierre Crozat les présenta au Régent, celui-ci en fut ravi. Il les « trouva encore plus beaux que l'idée qu'il s'en était faicte, et, véritablement, il y a de soixante à quatre-vingts tableaux qui sont merveilleux[3]. »

1. Lettre de Gualterio à Pierre Crozat, en date du 30 septembre 1720.
2. Lettre de Pierre Crozat à Gualterio, en date du 16 décembre 1721.
3. Lettre de Pierre Crozat, en date du 16 décembre 1721.

Le Régent ne devait pas jouir longtemps de ces tableaux si péniblement acquis. Surpris par la mort le 25 septembre 1723, il laissa sa galerie à ses descendants, et elle est restée en France jusqu'en 1792, époque à laquelle elle passa pour la plus grande partie en Angleterre, où elle fut vendue par son arrière-petit-fils, Philippe-Egalité[1].

Pierre Crozat survécut assez longtemps au Régent et ne cessa de satisfaire son goût pour les Arts. Sa collection de dessins devint d'autant plus remarquable qu'ils n'étaient pas achetés un à un, suivant le hasard des encans. Ils provenaient de cabinets entiers, et le plus souvent de cabinets de première réputation ; ce qui faisait du cabinet de Pierre Crozat, suivant l'expression de Jean-Pierre Mariette, « le plus grand cabinet de dessin qui, on ose le dire, ait jamais été ».

Pierre Crozat n'était pas un égoïste, jaloux de ses trésors. Son cabinet était libéralement ouvert à tous les amateurs français ou étrangers qui lui demandaient de le voir. Il ne refusait pas non plus de le montrer aux artistes qui voulaient s'en aider. On y tenait assez régulièrement toutes les semaines des assemblées où les artistes venaient conférer sur leur art, et prenaient pour base de leur entretien les ouvrages des grands maîtres recueillis par Pierre Crozat; et, bien souvent, celui-ci les comblait de ses libéralités.

Dans l'un de ses voyages en Italie, Pierre Crozat avait fait la connaissance, en 1716, d'une jeune Vénitienne qui se distinguait par un grand talent pour le portrait. Rosalba Zuanna Carriera, ou, pour parler comme ses contemporains, *La Rosalba* — « ce miracle des roses », disaient ses admirateurs, — était alors dans tout l'épanouissement de sa renommée[2]. Elle avait com-

1. Voir, sur le transport de la galerie en Angleterre et sa dispersion, le livre de Grauberg (ci-dessus cité) et l'article du baron Ch. de Bildt, *Queen Christina's pictures*, dans *The Nineteenht Century*, t. LV, pp. 489-1004.

2. Les biographies de La Rosalba fourmillent d'erreurs, à commencer par celle de son contemporain Pierre-Jean Mariette jusqu'à celle de M. Alfred Sensier qui date de 1865. La notice que lui a consacrée M. Reiset dans son excellent Catalogue des dessins du Louvre est également

mencé par peindre des miniatures, et c'est sur la présentation d'un portrait de jeune fille tenant dans ses mains une colombe qu'elle avait été reçue à l'Académie de Saint-Luc, à Rome, en 1705. Plus tard, elle s'était exercée à peindre au pastel et elle avait réussi à lui faire produire des effets spéciaux, tout différents de ceux de la peinture à l'huile. Peut-être a-t-elle contribué autant que Watteau à introduire dans l'art français du dix-huitième siècle un nouvel idéal de beauté féminine, et l'on doit ce résultat à Pierre Crozat. En effet, dès qu'il avait connu la Rosalba, il lui avait commandé plusieurs pastels. Et celle-ci, reconnaissante, y joignit son propre portrait. « Vous ne pouviez, lui répondit Pierre Crozat le 22 décembre 1716, me faire plus de plaisir que vous ne m'en avez fait en me faisant ce présent. Je n'ai jamais été si fâché que je le suis de n'avoir aucun talent pour vous le rendre. Parmi tous nos peintres je ne connais que M. Watteau capable de pouvoir faire quelque ouvrage à pouvoir vous être présenté. C'est un jeune homme chez qui je menai *il sig.* Sebastien Rizzi. S'il a quelque défaut, c'est qu'il est très long dans tout ce qu'il fait; mais, sachant l'usage du petit tableau que je l'ai prié de me faire, je suis persuadé qu'il ne perdra pas de temps à me le faire. »

Lorsqu'il vit chez Pierre Crozat les pastels de la Rosalba, Watteau en fut littéralement charmé. Il pria son ami, le paysagiste Wleughels, de lui témoigner son admiration et de lui demander une de ses œuvres. Et Wleughels écrivait à Rosalba : « Il y a ici un excellent homme nommé M. Watteau dont peut-être vous avez entendu parler. Il souhaiterait bien vous connaître; mais, comme cela ne se peut, il voudrait avoir un petit morceau de vous : il vous en enverrait un de sa main. Je ne doute pas que M. Crozat vous ait parlé de cet habile

fautive sur plusieurs points assez importants. Pour être exactement et complètement renseigné à son sujet, il faut se reporter à l'étude qu'a publiée le critique d'art florentin, M. Vittorio Malamani, dans le tome IV des *Gallerie nazionali italiane* (1 vol. in-4°, Rome, 1899), et dont M. Théodore de Wyzeva a rendu compte dans la *Revue des Deux Mondes*, livraison du 15 août 1899, t. 154, pp. 934-945.

homme. Non seulement il vous enverrait quelque chose de lui, mais, si cela ne se pouvait, l'argent se fait tenir facilement. Ainsi vous n'auriez qu'à choisir. Il est mon ami, nous demeurons ensemble. Il m'a prié pour vous de ses très humbles respects. Il attend que vous me fassiez une réponse favorable pour lui. »

Cependant, Pierre Crozat ne cessait de préparer le voyage de la Rosalba à Paris. « Il est bien vrai que ces sortes de voyages sont fatigants pour une dame, lui écrivait-il le 6 janvier 1719; mais nous en voyons plusieurs qui vont et viennent de Paris en Italie sans en être incommodées. Ainsi, Mademoiselle, vous qui n'avez rien de la faiblesse des femmes, et qui valez mieux que cent hommes, je vous exhorte à faire ce voyage dès cette année, et à profiter de la belle saison du printemps, en commençant par la route de Lorette, pour vous rendre dans la semaine sainte à Rome, ville qui mérite bien que vous la voyiez, afin qu'après Pâques vous puissiez continuer votre voyage par Florence, pour vous embarquer à Livourne à destination de Marseille, supposé que vous ne craigniez point la mer. C'est la voie la plus douce et la plus commode. Je vous donnerai des amis à Marseille, qui vous recevront bien. Il y a un carrosse, qu'on appelle la diligence, qui vous mènera à Lyon. De Lyon vous trouverez une autre diligence qui vous mènera, en cinq jours, en cette ville, et cela sans beaucoup de dépense. Vous trouverez chez moi un petit appartement et des voitures pour vous bien promener dans Paris et dans les environs, ce qui ne vous coûtera rien, car je me trouverai bien payé d'avoir le plaisir de vous avoir chez moi. Quoique je sois garçon, vous ne laisserez pas de trouver dans ma maison Mme de La Fosse, veuve d'un très fameux et illustre peintre, et Mlle d'Argenon, sa nièce, qui est une demoiselle fort aimable, et qui possède la musique et chante comme un ange. Pour lui faire un peu votre cour, je vous exhorte à lui apporter de la bonne musique, et vous verrez qu'elle sera bien exécutée chez moi... A l'égard de vos intérêts, je compte bien que vous ne perdrez pas votre temps en cette ville; mais il ne faut pas croire que cela soit aussi considérable que le voyage que vous pourriez faire très aisément d'ici en Angleterre, où vous êtes très connue et où on aime fort le portrait. »

La Rosalba ne fut pas insensible à cette invitation. Elle se disposait à se mettre en route lorsque son père tomba gravement malade et finit par mourir le 1er avril 1719, à soixante-quatorze ans. C'est seulement l'année suivante, au printemps de 1720, qu'elle put quitter Venise, en compagnie de sa sœur Giovanna, et que le *Mercure galant*, dans sa livraison de juillet, annonça l'arrivée à Paris de la Rosalba, « peintre de grand renom en miniature et en émail ». Le *Mercure* ajoutait que Pierre Crozat l'avait fait venir de Venise à ses frais, ce qui n'était pas tout à fait exact. Mais nous savons, par le journal que la Rosalba rédigea pendant son séjour à Paris sous le titre de *Libro di Ricordi* et qui a été traduit en français par M. Alfred Sensier en 1865, que Pierre Crozat lui donna une hospitalité princière dans son hôtel de la rue Richelieu. C'était tous les jours des dîners et des concerts donnés en son honneur. Elle ne pouvait trouver mieux pour être présentée à ce que Paris comptait alors d'amateurs et de connaisseurs. Ce fut un engouement, une fureur, d'avoir quelque chose d'elle. L'abbé Giovanni Vianelli, son biographe, assure qu'elle aurait eu cent mains et cent yeux qu'ils ne lui auraient pas suffi pour faire tous les travaux qui lui étaient réclamés. Elle recevait chez Pierre Crozat toute la cour. Le Régent venait l'y visiter à l'improviste : « Il est resté bien plus d'une heure à me regarder travailler au pastel, écrivait-elle dans son *Libro di Ricordi*. Il a pris ensuite un crayon. Cet homme-là sait tout : on dirait un prince des contes de fées. » Les personnages avec lesquels elle se lia particulièrement furent Watteau, Rigaud, de Julienne, de Caylus, l'abbé Delaporte, et surtout Jean-Pierre Mariette qui devait devenir son plus fidèle ami.

Son séjour à Paris fut encore plus fructueux que ne l'avait prévu Pierre Crozat. Elle fut appelée à exécuter au pastel plusieurs portraits du jeune Louis XV, alors âgé de dix ans. Elle dut aussi le peindre en miniature, pour un cadeau destiné à sa gouvernante, Mme de Ventadour. Elle fit également les portraits au pastel des divers membres de la famille Crozat, et, en particulier, celui de Marie-Anne Crozat, l'infortunée comtesse d'Evreux, que nous retrouverons, en 1755, à la vente du cabinet de son frère, Louis-Antoine Crozat, baron de Thiers, marquis de Moy, et qui a disparu, sans qu'on ait pu en retrouver les traces, tandis que celui de son mari, peint par Hippolyte Rigaud, s'est vendu naguère à Paris, le 11 mai 1903, à la vente Lelong, en la galerie Georges Petit, au prix de 22,500 francs[1].

Quand elle repartit pour Venise, le 16 mars 1721, sans exécuter son projet de voyage à Londres, tant elle avait été retenue à Paris, la Rosalba emportait des commandes pour plus d'une année. Mais de toutes ses œuvres, si lucratives qu'elles pussent être, aucune ne lui tenait autant à cœur que le pastel qu'elle devait exécuter comme morceau de réception à l'Académie royale de peinture et de sculpture, où elle avait été admise par acclamation le 26 octobre de l'année précédente. Elle mit tous ses soins à ce pastel, qui obtint le plus grand succès parmi les académiciens. On peut le voir aujourd'hui au Louvre. Il représente une jeune fille qui, suivant l'expression de la Rosalba, « représente aussi une nymphe de la suite d'Apollon, présentant de sa part à l'Académie de Paris une couronne de laurier ».

Elle n'oubliait pas non plus les promesses qu'elle avait faites à ses amis de Paris, et, en particulier, celle qui concernait Watteau. Peu après son retour à Venise, elle écrivait à Wleughels : « J'avais commencé quelques petites têtes pour M. Watteau; mais des Anglais que la foire a attirés ici, et qui ne veulent pas partir sans avoir leurs portraits, m'ont empêchée d'achever. » Malheureusement, Watteau ne devait jamais voir ces « quelques petites têtes » commencées à son intention, et qu'il désirait depuis si longtemps. Il n'avait pu supporter le séjour de l'Angleterre et en était revenu très malade au moment

1. No 562 du Catalogue.

où La Rosalba s'apprêtait à rejoindre l'Italie. Trois mois après, il mourait à Nogent, « le pinceau à la main », laissant à Pierre Crozat ses plus beaux dessins « en reconnaissance de tous les bons offices qu'il en avait reçus ».

Non content d'avoir composé la plus riche collection d'objets d'art qui fût en Europe, Pierre Crozat entreprit de faire graver sur bois les principaux tableaux de sa galerie. Le *Mercure français* du mois de février 1721 l'annonça dans une note ainsi conçue : « MM. Watot (Watteau), Natier et un autre sont chargés de dessiner, pour M. Crozat le jeune, les tableaux du Roi et du Régent. » Ces dessins étaient les éléments d'un gros recueil in-folio depuis connu sous le titre de CABINET CROZAT et qui fut intitulé : *Recueil d'estampes d'après les plus beaux tableaux et les plus beaux dessins qui sont en France dans le cabinet du Roi, dans celui de Mgr le duc d'Orléans et dans d'autres cabinets.* Tableaux et dessins devaient être divisés par écoles, et chacun d'eux être accompagné d'une description historique et d'une notice biographique de l'artiste qui en était l'auteur. Mais le projet n'aboutit que plusieurs années après l'annonce du *Mercure français*, et Watteau était mort depuis sept ans quand parut, au mois de mai 1728, le prospectus du recueil projeté par Crozat. Quant aux premières planches de l'ouvrage, elles ne virent le jour qu'en 1729 et débutèrent par un premier tome qui comprenait cent quarante estampes des maîtres de l'Ecole romaine. Pour le second tome complétant le premier volume et comprenant la gravure de cent dix nouvelles estampes d'après les maîtres de l'Ecole Vénitienne, Pierre Crozat s'était adjoint un certain Robert, peintre du cardinal de Rohan. Mais Robert étant mort peu après, Pierre Crozat renonça à continuer sa publication. Il se borna à délivrer à ses souscripteurs, pour tenir ses engagements, quarante-deux autres planches, mais sans les accompagner d'aucun texte.

Pierre Crozat n'était pas seulement un collectionneur, un antiquaire et un amateur d'art : en sa qualité de Toulousain, c'était aussi un mélomane. Il se plaisait à organiser, dans sa splendide demeure, des concerts où il conviait ses amis. Ces séances musicales avaient fini par être très recherchées et faisaient le sujet de toutes les conversations mondaines. On y entendait, entre autres, le chanteur italien Paccini, alors dans toute la vogue de son talent, le joueur de flûte Antoine, dont on raffolait, Mademoiselle d'Argenon, nièce du peintre Charles de Lafosse, qui n'était pas belle, et c'était un tort grave sous la Régence, mais elle avait une voix charmante et chantait avec beaucoup de science et d'art. Dans une lettre datée de Venise, le 5 février 1746, Rosalba demandait des nouvelles de la chanteuse dont elle se rappelait encore la voix, — « cette voix dont la Muse envierait les suaves accents », a dit Pierre-Jean Mariette.

Le souvenir des concerts de Pierre Crozat nous a été conservé par une sanguine, rehaussée de blanc, qui fut exécutée par Watteau au cours d'une fête donnée par Pierre Crozat en l'honneur de la Rosalba. Ce dessin, d'abord possédé par Pierre-Jean Mariette, est aujourd'hui conservé au Louvre[1] et a été reproduit dans l'étude que Paul Mantz a consacrée à *Antoine Watteau*[2]. Le célèbre peintre y montre, de son crayon le plus délicat, les portraits des artistes qui faisaient de la musique dans les réunions de l'hôtel de la rue de Richelieu. Pierre-Jean Mariettte a voulu que le nom de ces virtuoses passassent à la postérité, et il a tracé sur cette légère feuille de papier l'inscription suivante : *Præclarorum musicorum cætus scilicet Antonius fidicen eximius, Paccini, Italus cantor mus. reg. et Da. Dargenon car. de la Fosse pict. Acad. Sororis filia, cui suaves accentus Musa invideret.* Mais, sous ces trois grands portraits, Watteau avait ajouté deux têtes plus petites, et c'étaient les portraits de la Rosalba et de sa sœur, Giovanna, qui l'avait accompagnée à Paris et qui l'aidait parfois dans ses travaux.

Pierre Crozat ne devait pas survivre longtemps à son frère aîné, Antoine, que nous avons vu décéder, le 9 juin 1738, à

1. N° 1834.
2 Page 81.

l'âge de quatre-vingt-trois ans. Il mourut à Paris, le 23 mai 1740, âgé de soixante-seize ans. Dans son acte de décès, il est qualifié simplement « écuyer » : il avait dédaigné d'acheter des terres féodales pour en porter les titres comme son frère et ses neveux. Il ne s'était jamais marié et laissa ses biens au premier enfant mâle de la famille. Mais il réserva les dessins, les pierres gravées et les planches qu'il avait fait exécuter, voulant que ces diverses collections fussent vendues au profit des pauvres.

Le duc d'Orléans, fils du Régent, s'empressa d'acheter « à la main » les pierres gravées. Cette vente lui fut consentie pour le prix de 67,000 livres. Il en fit détruire les nudités. Le reste a été décrit par Lachaud et Leblond en un superbe ouvrage intitulé : *Description des principales pierres gravées du duc d'Orléans*, 1780, 2 volumes in-folio, et fut, pendant la Révolution, revendu par son petit-fils, Philippe-Egalité, aux Anglais pour un peu plus d'un million[1].

Quant aux dessins, ils furent l'objet d'un Catalogue imprimé en 1741 et qui fut dressé par Pierre-Jean Mariette.

Pierre-Jean Mariette avait reçu de son père Jean Mariette, élève de Charles Le Brun, et de son oncle Jean-Baptiste Corneille, frère de sa mère, une éducation toute dirigée vers les arts, où ses dispositions naturelles lui avaient fait faire de rapides progrès. La vue seule d'un bon tableau ou d'une belle estampe excitaient en lui une sorte d'enthousiasme : une étude de soixante ans développa en lui ces connaissances qui ont fixé sa réputation. Dès sa jeunesse, il s'était plu à collectionner et à former un cabinet, dont, à sa mort, les débris même ont formé de riches collections. Il a écrit sur diverses questions d'art avec une science profonde, un goût sûr et délicat. Il avait une admiration particulière pour le cabinet de Pierre Crozat. Il était donc tout naturellement désigné pour en dresser le Catalogue raisonné.

Ce Catalogue fut intitulé : « Description sommaire des

1. *Tresor de la curiosité*, t. II, p. 147.

Desseins des grands Maistres d'Italie, des Pays-Bas et de France, du cabinet de feu M. Crozat. Avec des Réflexions sur la manière de dessiner des principaux Peintres, par P.-J. Mariette, ruë S. Jacques, aux colonnes d'Hercule, 1741, in-8°. »

En annonçant ce Catalogue, les *Mémoires de Trévoux* s'exprimaient ainsi[1] : « Cette description ne peut être abrégée et n'est pas susceptible d'extrait : n'en donner que quelques parties, ce ne seroit pas la faire connoitre. Nous nous contenterons donc d'une idée générale d'après M. Mariette. M. Crozat s'étoit borné aux seuls morceaux qui sont du ressort du dessein ; cependant, le recueil en étoit immense. Les tableaux des grands maîtres, presque tous tableaux de premier ordre, passent le nombre de quatre cens. Les statues précieuses de marbre, les bustes également rares, les modèles (maquettes) de terre cuite des plus excellents sculpteurs faisoient une des plus considérables parties de ce riche cabinet. Il s'y trouve un très grand nombre d'estampes anciennes et modernes de tous les maîtres. Nous ne parlons pas des pierres gravées dont la collection surpassoit tout ce qu'un particulier a jamais possédé. Enfin, M. Crozat avoit ramassé jusqu'à dix-neuf mille desseins. — Toutes ces curiosités (excepté les pierres gravées dont Monseigneur le duc d'Orléans a fait l'acquisition en entier et les desseins) ont passé entre les mains de M. le marquis du Châtel, qui en connoit le prix et qui se fait un plaisir de les faire voir aux amateurs. — La description de M. Mariette n'a donc pour objet que les desseins, les planches et les estampes que M. Crozat avoit fait graver, c'est-à-dire ce qui reste à vendre, car il a ordonné par son testament que tout son cabinet, à l'exception de ce qu'il a légué à M. le marquis du Châtel, fût vendu au profit des pauvres. Cependant, tout abrégée qu'elle est et réduite à une espèce de Catalogue, elle est encore très longue et très remplie. M. Mariette nous apprend d'où M. Crozat avoit tiré cette immense collection de desseins, et comment il avoit formé peu à peu ce rare et curieux cabinet.

1. Avril 1741, pp. 761 et suiv.

Les réflexions semées dans ce Catalogue sur les ouvrages, leur talents, les manières des maîtres dont il parle, instruiront ceux qui sont moins en état de juger par eux-mêmes et rendront la description moins sèche et plus agréable. — On avertira de la vente quelque temps avant qu'elle commence, et ceux qui voudront y faire quelque acquisition feront bien de se pourvoir de ce Catalogue. »

Ce Catalogue est devenu fort rare, sinon introuvable, parce qu'il fut imprimé à un petit nombre d'exemplaires. Nous avons pu nous en procurer un exemplaire à la Bibliothèque de la ville de Toulouse, et il est d'autant plus précieux qu'il porte en marge le prix d'achat de chacun des objets qui y sont désignés et le nom des acquéreurs. Cet exemplaire, richement relié, provient de la bibliothèque du comte Delaborde, un amateur d'art des plus réputés dans la seconde moitié du dix-neuvième siècle. On peut juger de sa valeur quand on sait qu'un exemplaire sans les notes s'est vendu 215 francs à la vente Reiset faite à Paris en 1879.

Il résulte de l'exemplaire annoté de ce Catalogue, actuellement conservé à la Bibliothèque de la ville de Toulouse et comprenant 1.090 numéros, que, si le cabinet de Pierre Crozat était remarquable par la qualité des artistes dont on voyait les œuvres, ces œuvres se vendirent fort mal, quoique les marchands eux mêmes, par scrupule, sachant que le produit était destiné aux pauvres, n'eussent formé aucun concert pour empêcher l'élévation des prix.

Ce Catalogue débute par l'Ecole florentine. On y voit d'abord figurer les dessins des vieux maîtres de cette Ecole : Giotto, Fra Filippo Lippi, Masaccio, Paul Ucello, Pollaiolo, etc. Un groupe de 55 de ces dessins fut adjugé pour 20 livres à M. de Tessin ; un autre groupe de 55 dessins fut vendu 5 livres à Mariette ; enfin, Huquier acheta un troisième lot de 55 dessins 5 livres 3 sous[1]. On doit d'autant plus s'étonner de la modicité de ces enchères, que ces dessins provenaient du fameux

1. Numéros 1 à 7 du Catalogue.

cabinet de Vasari et qu'ils ont été souvent mentionnés dans ses vies de peintres. Il est vrai qu'à cette époque on appréciait peu les œuvres des maîtres qui avaient précédé Léonard de Vinci, sous prétexte, suivant les expressions de Mariette, qu'ils « ne connaissoient qu'imparfaitement la nature et avoient une manière de la représenter qui, aride et mesquine, n'avoit pas encore franchi les bornes du goût gothique ».

Mais les dessins de Léonard de Vinci ne furent pas mieux vendus. Ainsi « quinze dessins » de ce maître, « dont une tête de moine et l'estampe qui en avait été gravée », furent adjugés à Mariette pour la somme de 9 livres; 18 autres dessins du même maître, « dont plusieurs études de têtes et de draperies », furent payés 16 livres par M. Noury; 18 autres, 13 livres 10 sous par M. Agard; 9 autres avec des « têtes en grand dessinées aux trois crayons », 15 livres 3 sous par M. Payen; enfin, 6 grands dessins, toujours de Léonard de Vinci « ou faits dans son Ecole, dont le tableau de la Cène de Milan et des Etudes de toutes les têtes de ce tableau séparément », furent adjugés à M. Glomy pour la modique somme de 8 livres 1 sou[1].

Les dessins de Michel Ange eurent un peu plus de succès. Ils se vendirent par séries de six, de huit, de dix, de quatorze et de vingt, et chaque série atteignit les prix de 15, 30 et jusqu'à 48 livres; mais ces sommes sont bien médiocres étant donné le talent de Michel-Ange comme dessinateur. Il y avait notamment un dessin qui avait d'autant plus de valeur qu'il avait été effectué dans des circonstances célèbres. Une statue ayant été trouvée dans des fouilles, on la crut d'abord antique. Mais on ne tarda pas à l'attribuer à Michel-Ange. Le cardinal de Saint-Georges lui ayant fait demander s'il en était réellement l'auteur, Michel Ange se borna à prendre la plume, à en dessiner une main et à l'envoyer au cardinal de Saint-Georges pour toute réponse. Cependant, ce dessin, avec cinq autres études, ne dépassèrent pas 30 livres. Il en fut de même d'une

1. Numéros 4 à 8 du Catalogue.

série d'études au crayon pour le *Jugement dernier*. La plupart de ces dessins avaient été recueillis par MM. de la Noüe et Jabach et sortaient de leurs collections restées célèbres dans les annales de l'Art[1].

L'on met généralement André del Sarto au même rang que Raphaël pour l'habileté, la simplicité et la grâce du dessin. Il y avait, dans la collection de Crozat, des dessins qu'on aurait facilement attribués à Raphaël si l'on n'avait été sûr qu'ils fussent d'André del Sarto, car ils étaient tirés du livre de Vasari. Ils ne dépassèrent pas le prix de 6, 8, 16 et 22 livres, par séries de deux, de quatre, de six, de quinze et jusqu'à vingt-dessins[2].

Les dessins de Fra Bartolomeo de Saint-Marc sont rares. Ils ne sont devenus plus nombreux que depuis la découverte d'une collection faite par le chevalier Gabburri dans un monastère de religieuses à Florence. Ceux qui faisaient partie de la collection Crozat étaient remarquables par leur importance. Ils étaient exécutés pour la plus grande partie à la pierre noire, rehaussés de blanc, sur du papier gris. Ils se vendirent si mal que vingt-sept durent être retirés de la vente faute d'enchères suffisantes[3].

La manière de Baccio Bandinelli se rapproche de celle de Michel-Ange, qu'il exagère parfois. La collection Crozat contenait plus de cent vingt dessins de ce maître. Ils furent adjugés à des prix dérisoires[4]. C'est ainsi qu'un premier lot de vingt-deux études ou compositions, comprenant notamment le projet pour le tombeau du pape Clément VII, qui est dans l'église de la Minerve, à Rome, fut adjugé au comte de Tessin pour la somme de 11 livres 10 sous[5].

Les dessins de Jacques da Ponte, dit le vieux Bassan, du Rosso, de Daniel de Volterre, de François Salviati ne furent

1. Numéros 9 à 21 du Catalogue.
2. Numéros 22 à 30 du Catalogue.
3. Numéros 31 à 37 du Catalogue.
4. Numéros 38 à 43 du Catalogue.
5. Numéro 38 du Catalogue.

pas mieux traités, et, en particulier, la fameuse *Descente de croix* de Daniel de Volterre[1]. Leurs principaux acquéreurs furent le comte de Tessin, Huguier, Agar, Fremin, Passant et Mariette.

L'École de Sienne comprenait vingt-cinq numéros (de 73 à 97) avec des dessins attribués à Balthazar de Sienne et au Sodoma (n°s 73 à 78), à Dominique Beccafumi, dit le Micarino (n°s 79 à 81), à François Vanni (n°s 82 à 92), à Ventura Salimbeni (n°s 93 à 95), etc. Les prix ne furent pas meilleurs.

L'École romaine était la plus nombreuse et allait des peintres primitifs aux plus grands maîtres de la Renaissance et du dix-huitième siècle[2]. Elle débutait par Pierre Vanucci, de Pérouse, dit le Pérugin, dont quarante et un dessins et une estampe d'après un de ces dessins, représentant un *Christ mort*, furent vendus à M. Noury pour la somme de 18 livres 15 sous[3]. Ellé était surtout riche en dessins de Raphaël Sanzio, d'Urbin, et jamais plus ample collection de dessins de ce maître n'avait été offerte aux enchères[4]. Pierre Crozat était un grand admirateur du talent de Raphaël. Il s'était donné beaucoup de soin pour recueillir de tous côtés de ses dessins. Il en avait trouvé le plus grand nombre à Urbin, chez les frères Viti, dont un de leurs ancêtres, Timothée Viti, avait été élève de Raphaël. Il en avait rapporté en France une série importante, presque tous à la plume. Les plus beaux furent acquis par le marquis de Gouvernet, moyennant 2,850 livres 6 sous. Les autres furent achetés par MM. de Tessin, Noury, Héquet, Agar, Mariette, Huguier et l'abbé Bernard.

Les dessins de Jules Pippi, plus connu sous le nom de Jules Romain, étaient en grand nombre et furent assez vivement disputés[5].

Il en fut de même de certains dessins de Polidor de Caravage[6] et de Frédéric Zuccaro, ces derniers composant le livre

1. Numéros 44 à 54 du Catalogue.
2. Numéros 98 à 333 du Catalogue.
3. Numéro 98 du Catalogue.
4. Numéros 100 à 133 du Catalogue.
5. Numéros 134 à 153 du Catalogue.
6. Numéros 157 à 169 du Catalogue.

de voyage de Zuccaro et provenant de la collection Jabach[1].

Les dessins de Frédéric Barocci, dit Baroche en France, étaient particulièrement précieux. On y avait joint quelques pastels d'une beauté singulière et qui rappelaient la manière du Corrège. Pierre Crozat les avait trouvés à Venise, chez M. Chechelsberg, qui les appréciait si fort qu'il les conservait sous des glaces. Ils furent cependant payés très médiocrement[2].

Rien n'était plus rare en Italie que les dessins de Pierre Berettini, dit Pietro de Cortone. Ils se bornaient le plus souvent à de simples croquis. Pierre Crozat en avait recueilli qui formaient de grandes compositions et qui étaient d'autant plus précieux. MM. Agar, Maurette et Huguier se les disputèrent[3].

La manière de dessiner d'André Sacchi manque de précision. Elle est plus suggestive que bien déterminée. Elle était peu appréciée au dix-huitième siècle sous prétexte qu'elle était trop « vague » et pas assez « arrêtée ». Elle trouva pourtant des acquéreurs, mais à des prix médiocres[4].

En revanche, on estimait beaucoup les dessins à la plume du P. Jacques Courtois, Jésuite, dit le Bourguignon. Ils étaient au nombre de soixante-douze et avaient été achetés par le Bellori, des Pères Jésuites du Collège romain, après la mort de l'auteur. Ils formaient un livret dans lequel le Bourguignon avait noté les premières pensées de ses tableaux avec une rare intelligence et un esprit très primesautier. Ils trouvèrent des acquéreurs empressés et montèrent à des prix relativement assez élevés[5].

Le chevalier Carlo Maratti avait pour principe que, pour bien peindre, il fallait beaucoup dessiner. Il avait pris pour modèle la manière d'Annibal Carrache et celle du Dominiquin. Il tenait d'eux l'art de bien composer. Pierre Crozat avait ras-

1. Numéros 201 à 215 du Catalogue.
2. Numéros 223 à 251 du Catalogue.
3. Numéros 262 à 270 du Catalogue.
4. Numéros 280 à 283 du Catalogue.
5. Numéros 286 à 293 du Catalogue.

semblé un grand nombre de dessins de Carlo Maratti que se disputèrent Mariette, Gersaint, Noury, Héquet, Huguier, Agar et plusieurs autres[1].

A côté des dessins des peintres, on voyait une nombreuse série de dessins par des sculpteurs de l'Ecole romaine. La plupart avait été rassemblés par un collectionneur de Rome, nommé Pio, qui avait entrepris de former un recueil de tous les maîtres dont il pourrait trouver des spécimens. Il s'adressa également aux artistes vivant de son temps, et ceux-ci semblaient avoir rivalisé d'émulation pour faire de leur mieux. Le tout formait donc un ensemble des plus intéressants, qui fut très apprécié par les amateurs[2].

Les écoles lombardes étaient richement représentées par l'école de Parme[3], par celle de Bologne[4], par les écoles de Milan, de Crémone, de Brescia et d'autres villes de Lombardie[5].

On y remarquait, notamment, la plus ample et la plus belle collection de dessins du Primatice. Cette collection comprenait presque tous les dessins des œuvres exécutées sous la conduite de cet habile peintre à Fontainebleau, dans la chapelle de l'hôtel de Guise à Paris et en une infinité d'autres endroits. Ils étaient faits avec grand soin et d'une façon si précise qu'ils suffisaient à ses élèves, à la tête desquels était le célèbre Messer Nicolo, pour les exécuter en peinture. Le temps ayant presque entièrement détruit tous ces ouvrages, les dessins de Primatice étaient devenus d'autant plus précieux. Ils se vendirent cependant à des prix très modérés[6].

Nous devons également citer les dessins de Louis, d'Annibal et d'Augustin Carrache.

Annibal Carrache est sans contredit un des plus hardis dessinateurs qui aient jamais existé. Il s'était exercé toute sa vie à

1. Numéros 301 à 313 du Catalogue.
2. Numéros 314 à 328 du Catalogue.
3. Numéros 334 à 395 du Catalogue.
4. Numéros 396 à 627 du Catalogue.
5. Numéros 628 à 644 du Catalogue.
6. Numéros 399 à 410 du Catalogue.

dessiner d'après nature ou à jeter sur le papier toutes les pensées que son imagination lui suggérait. Ce fréquent usage de dessiner lui avait été suggéré par Louis Carrache comme l'unique moyen de se rendre supérieur dans son art. Mais leur manière différait essentiellement. Autant le dessin d'Annibal était primesautier et fier, autant celui de Louis était simple, naïf, élégant, rappelant la manière du Corrège. Quant à Augustin Carrache, il était doué d'une main facile et légère : aussi a-t-il produit beaucoup. Ses dessins indiquent non seulement un peintre éminent dans l'art de la composition, mais encore un graveur habile dans l'art d'arranger les tailles, et qui savait les faire servir à exprimer avec justesse les objets représentés. On lui doit la galerie Farnèse pour laquelle il avait fait de très nombreux dessins et qui lui a mérité la plus grande réputation.

L'Angeloni avait rassemblé jusqu'à six cents dessins qui passèrent entre les mains de Pierre Mignard. Celui-ci en composa plusieurs albums qui devinrent tous, à l'exception d'un seul, la propriété de Pierre Crozat. Ils furent dispersés par le feu des enchères entre une foule d'amateurs.

L'Ecole vénitienne était représentée par ses meilleurs artistes, depuis André Mantegna jusqu'à Sébastien Ricci et autres peintres du dix-huitième siècle[1]. Un dessin à la plume du Titien, représentant la Sainte-Famille dans un beau paysage et venant de la collection Van Schelling, fut vendu 153 livres à M. de Gouvernet[2]. Quand cet artiste célèbre dessinait des figures, il se contentait d'une simple esquisse destinée à fixer sa pensée; mais elle témoignait de son goût exquis et de l'habileté de sa main. S'il voulait soigner son dessin et entrer dans de plus grands détails, sa plume ne le cédait point à son pinceau : elle devenait expressive et moelleuse. Il excellait enfin dans le paysage, et nul ne savait mieux choisir un site et rendre la nature.

Dominique Campagnole était également un très bon paysa-

1. Numéros 645 à 746 du Catalogue.
2. Numéro 652 du Catalogue.

giste, et d'excellents connaisseurs ont confondu sa manière avec celle de Titien. Pierre Crozat ne s'était pas contenté de collectionner ses dessins; il avait également acquis plusieurs de ses tableaux à l'huile, et ceux-ci ont servi de modèles à Watteau.

Un dessin capital de Paul Véronèse fut adjugé à M. de Tessin pour la somme de 235 livres. Il était peint au lavis et rehaussé de blanc au pinceau. Il représentait la sainte Vierge accompagnée d'Anges qui portent les différents attributs de ses vertus. Pierre Crozat l'avait acquis d'un célèbre amateur de Vérone, M. Mozelli, et Rodolfi en a fait mention dans la vie qu'il a écrite de Paul Véronèse[1]. — D'autres dessins du même peintre se trouvaient également dans le cabinet de Pierre Crozat. Ils témoignaient du soin que Paul Véronèse mettait à préparer ses tableaux. Arrêtés à la plume d'un trait ferme et précis, ils étaient ensuite lavés au pinceau et rehaussés de blanc sur les jours. Ce blanc, habilement mis, exprimait les nuances de clair par degrés depuis la demi-teinte jusqu'à la lumière la plus vive.

Jacques Robusti, dit le Tintoret, passait pour avoir exécuté peu de dessins. Il préférait modeler ses personnages en des petites figures qu'il disposait sur un théâtre. Il les éclairait ensuite; et, lorsqu'il s'était assuré de l'effet des lumières et de la bonne disposition des groupes, il les peignait directement sur la toile, sans autre étude préparatoire. Cette pratique lui était devenue si familière que, dans le concours qu'il y eut entre lui et les principaux peintres de Venise pour exécuter les peintures de l'Ecole Saint-Roch, le Tintoret, au lieu d'un dessin, présenta un tableau le jour où ses concurrents ne purent produire qu'une esquisse au trait. Malgré la pénurie de dessins dus à cette pratique, Pierre Crozat avait pu se procurer un assez grand nombre de dessins de ce maître, qui se vendirent médiocrement[2].

1. Numéro 680 du Catalogue.
2. Numéros 697 à 703 du Catalogue.

De l'Ecole génoise, comprenant quinze numéros[1], nous citerons surtout les dessins de Jean-Benoît Castiglione, dit le Benedette, non pas à cause de la régularité des formes de ses personnages qui étaient fort négligées, mais bien à cause de l'habileté avec laquelle il indiquait déjà la couleur et faisait valoir le clair-obscur[2].

L'Ecole napolitaine, et son succédané, l'Ecole espagnole, étaient représentées par ses principaux maîtres : Luc Giordano, François Solimèna, Joseph Ribéra, dit l'Espagnolet, Salvator Rosa et Jean Grisolfi, son disciple[3]. M. de Piles avait apporté d'Espagne une partie des dessins de Jean Valence, disciple de Raphaël, de Barthélemy Murillo, d'Alonso Cano, de Pierre Catelani et de plusieurs autres peintres espagnols. Certains, comme ceux de Jean de Valence, avaient été rassemblés par le chanoine Vittoria, qui était également de Valence, et d'autres, comme ceux de Pierre Catelani, provenaient de la collection du cardinal de Sainte-Croix.

Les Ecoles flamande, hollandaise et allemande n'étaient pas moins bien représentées, et comprenaient les vieux maîtres, comme Albert Durer, Lucas de Leyde, Jean Holbein, Pierre Koch, et les maîtres modernes, comme Jean Rothnamer, Rubens, Van Dyck, Jacques Jordaens, Rembrandt, Philippe Wouwermans, David Téniers, Van Ostade, Jean Breughel, dit Breughel de Velours, etc.[4].

Venait enfin l'Ecole française, comprenant une série de dessins par d'anciens peintres français, tels que Jean Cousin, Daniel Dumoustier, Etienne Delaulne, Antoine Caron, Quesnel, Ambroise du Bois et Martin Fréminet[5]. Cinquante dessins, retraçant l'histoire de Diane, provenaient des artistes qui travaillaient à Fontainebleau du temps de Primatice, et étaient destinés à préparer les peintures d'un hôtel ou château appar-

1. Numéros 747 à 761 du Catalogue.
2. Numéros 751 à 756 du Catalogue.
3. Numéros 762 à 780 du Catalogue.
4. Numéros 781 à 957 du Catalogue.
5. Numéros 958 et 959 du Catalogue.

tenant à la famille de Guise[1]. On y admirait vingt-deux dessins de portraits au pastel, par Daniel Dumoustier et Laneau, provenant de la collection de Béthune[2].

Les paysagistes étaient représentés par Nicolas Poussin, par son beau-frère Gaspre Dughet et par Claude Gellée, dit le Lorrain.

Presque tous les dessins de Poussin venaient de Jabach, le célèbre collectionneur que nous avons déjà cité plusieurs fois, de Stella ou de Carlo degli Occhiali, qui les avaient acquis, à Rome, des héritiers mêmes du Poussin. Plusieurs de ces derniers étaient des études faites d'après nature dans les vignes de Rome ou dans les environs. Ils étaient très soignés, car Poussin était un religieux observateur des formes. Il n'était pas moins attentionné à saisir les effets piquants de lumière. Un simple trait, accompagné de quelques coups de lavis, lui suffisait pour exprimer ce qu'il avait vu. Muni de ces études sur place, il composait ensuite dans son cabinet ces magnifiques paysages qui rappelaient les vallées enchantées décrites par les poètes anciens de la Grèce et de l'Italie[3].

Claude le Lorrain était moins pondéré, moins académique. Il composait moins ses tableaux. En revanche, il y mettait plus d'air et de lumière. Il avait formé pour son usage un volume de dessins de tous les paysages qu'il avait peints, et ce volume était passé tout entier entre les mains du duc de Devonshire, en sorte que ses dessins étaient fort rares[4].

Une place importante avait été réservée aux œuvres de Jacques Callot, et parmi elles se trouvait le grand dessin représentant la *Tentation de saint Antoine*, qu'on regardait comme un des chefs-d'œuvre de ce maître[5].

Les peintres contemporains commençaient à Simon Vouet et se continuaient par Jacques Stella, Philippe de Champaigne,

1. Numéro 960 du Catalogue.
2. Numéro 961 du Catalogue.
3. Numéros 962 à 986 du Catalogue.
4. Numéros 989 à 996 du Catalogue.
5. Numéros 997 à 1000 du Catalogue.

Charles Le Brun, Eustache Lesueur, Charles de Lafosse, Jean Jouvenet, Antoine Coypel et divers autres maîtres[1]. Neuf de ces dessins avaient été légués par Antoine Watteau à Pierre Crozat, « en reconnaissance de tous les bons offices qu'il en avait reçus[2] ». Cinq furent vendus à M. de Tessin (31 livres) et les quatre autres à M. Fremin (54 livres).

Nous devons enfin mentionner la série de dessins exécutés par Raymond Lafage, que Pierre Crozat avait connu à Toulouse. Ils comprenaient des sujets tirés les uns de l'Histoire Sainte, les autres de la Fable[3]. Les meilleurs étaient ceux qu'il avait improvisés d'un trait rapide, sans ombre et sans lavis. Voici comment en parle Mariette dans son Catalogue[4] : « Il n'y eut jamais de vocation pour le dessin mieux marquée que celle de La Fage. Sans secours, sans maître, il résolut de se faire dessinateur, et, ce qui ne paroîtra presque pas croyable, il devint bientôt un dessinateur profond. Il n'avoit eu jusqu'alors que son génie pour guide; il continua à étudier, dans Rome, sur les ouvrages des grands maîtres, et le dessin lui devint si familier, que, sans aucune préparation, il exécutoit du premier coup tout ce que son imagination lui suggéroit. On l'a vu commencer un dessin qui devoit être composé d'un très grand nombre de figures par un point qu'on lui avoit marqué, et de là, cheminant toujours, couvrir en peu d'heures tout son papier de figures qui formoient ensemble le sujet qu'on lui avoit proposé. Il fit souvent cette épreuve en présence des maîtres de l'Art, qui, surpris de sa facilité de dessiner, n'admiroient pas moins la science profonde qu'il mettoit dans son dessin. Car La Fage sçavoit parfaitement l'anatomie, et, tout praticien qu'il étoit, il formoit toutes ses parties avec beaucoup de précision. Le plus souvent, il se contentoit de dessiner les figures au trait sans aucune ombre. Lorsqu'il les vouloit terminer davantage et y ajouter du lavis, comme il

1. Numéros 1001 à 1066 du Catalogue.
2. Numéro 1063 du Catalogue.
3. Numéros 1027 à 1050 du Catalogue.
4. Pages 124 à 126.

n'entendoit point la partie du clair-obscur, et que ce qui fesoit valoir davantage ses dessins étoit la promptitude avec laquelle il les exécutait, ces dessins devenoient froids et languissants et ne faisoient aucun effet. Ceux où il réussissoit le mieux étoient ordinairement ceux qui lui avoient le moins coûté, et presque toujours ceux qu'il avoit fait dans le fort de l'yvresse. Il choisissoit dans ces instans des sujets libres et des Bacchanales, en quoi il ne suivoit que trop un malheureux penchant qui le portoit à la débauche. Ses admirateurs n'ont point fait de difficulté de le comparer, et même de le mettre au-dessus de Raphaël, de Michel-Ange et des Carrache. Cet éloge est outré, mais il faut cependant convenir que La Fage est un fier dessinateur, et qu'en cette partie ses ouvrages méritent une place distinguée dans les Cabinets. Les dessins de ce Maître qu'a rassemblés M. Crozat sont en grand nombre; ils comprennent presque tout ce que La Fage a fait dans le cours de sa vie, c'est-à-dire tout ce que M. Bourdaloue, M. Garnier, sculpteur, et Van Brugen, qui avoient beaucoup fait travailler La Fage, avoient recueilli eux-mêmes, et ce que M. Crozat, qui avoit pareillement connu ce dessinateur, avoit eu de lui ou de ses héritiers. »

A elle seule, cette longue note insérée dans un simple Catalogue de 140 pages justifie l'engouement de Pierre Crozat pour son compatriote du Midi. Si les dessins originaux de Raymond Lafage obtinrent des prix peu élevés, en revanche son œuvre gravée, représentant *L'Histoire de la ville de Toulouse*, et composée de trente-cinq planches de diverses grandeurs, atteignit 400 livres, et fut adjugée à Joullain qui la disputa longuement à Huquier[1].

Pour faire connaître complètement les richesses artistiques de Pierre Crozat, nous devrions parler en outre de ses tableaux peints, qui formaient une admirable galerie. Mais il les avait légués à son neveu, Louis-François Crozat, marquis du Chastel, et nous attendrons, pour en faire apprécier les mérites et

1. Catalogue, page 140 (article non-numéroté).

la valeur, d'être arrivé à la vente célèbre qui en fut faite en 1755 en même temps que celle de la galerie non moins remarquable de son autre neveu Joseph Antoine, baron de Thiers et marquis de Thugny. Qu'il nous suffise de dire, pour le moment, que cette double vente a formé le premier fonds du musée impérial de l'Ermitage à Saint-Pétersbourg.

IV. — Les fils d'Antoine Crozat le Riche.

De son mariage avec Marie-Marguerite Le Gendre, Antoine Crozat avait eu trois garçons[1] et une fille.

Nous avons déjà fait connaître cette fille : *Marie-Anne* Crozat, qui avait été mariée en 1707, à l'âge de douze ans, avec le comte d'Evreux, troisième fils du duc de Bouillon, prince de La Tour d'Auvergne, et qui était morte le 11 juillet 1729, à l'âge de trente-quatre ans, sans laisser de postérité.

L'aîné des fils d'Antoine Crozat se nommait *Louis-François*. Il était né à Toulouse en 1691 et avait suivi la carrière des armes. Par contrat de mariage en date du 5 septembre 1722, il avait épousé Marie-Thérèse Gouffier, fille du marquis de Heilly, enseigne des gens d'armes de la Garde du Roi, mort maréchal des camps et armées, à trente-trois ans, des blessures qu'il avait reçues à la bataille de Ramillies, le 23 mai 1706, et de Catherine-Angélique d'Albert de Luynes, décédée le 12 septembre 1746 en sa soixante-dix-huitième année.

Le second fils d'Antoine Crozat avait pour prénoms *Joseph-Antoine*. Il était né à Toulouse en 1696. Il débuta par être

1. Potier de Courcy, dans sa réédition du *Père Anselme* (t. IX, 1re partie, p. 426), mentionne un quatrième garçon qu'il désigne ainsi : « N. Crozat, capitaine au régiment des Dragons de Languedoc », sans indiquer sa généalogie. Il s'agit très probablement de *Louis-Antoine* Crozat, qui a été d'abord capitaine au régiment des Dragons de Languedoc. Dans tous les cas, ce quatrième garçon n'existait plus à la mort de son père (1738), car il n'en est pas question dans le partage de la succession paternelle.

conseiller d'abord au Parlement de Toulouse, puis au Parlement de Paris. Il devint maître des requêtes, lecteur de la Chambre et du Cabinet du Roi en juin 1709, enfin président de la quatrième chambre des enquêtes du Parlement de Paris. Il se maria, le 27 mars 1725, avec Catherine-Marguerite-Michelle Amelot de Gournay, fille de Michel-Charles Amelot de Gournay, president à mortier au Parlement de Paris, et de Marguerite-Pélagie de l'Espine-Danican.

Quant au troisième fils d'Antoine Crozat, il avait reçu au baptême les prénoms de *Louis-Antoine*. Né à Toulouse en 1699, il entra, comme capitaine, au régiment des Dragons de Languedoc, dont son frère, Louis-François, était colonel mestre-de-camp. Il exerçait ces fonctions lorsqu'il épousa, le 19 décembre 1726, Marie-Louise-Augustine de Laval-Montmorency, fille de Charles-Claude, marquis de Laval, seigneur de Chesnebrun, chevalier d'honneur de Son Altesse Madame la duchesse d'Orléans, et de Marie-Thérèse d'Hautefort, née en juillet 1712. Ce mariage était des plus brillants et des plus honorables pour la famille Crozat. Il avait été ménagé par la duchesse d'Orléans. La veuve du Régent avait conservé à Pierre Crozat l'affection que lui témoignait son mari et l'avait étendue jusqu'à ses neveux.

A la mort d'Antoine Crozat, ses biens furent partagés entre ses enfants, conformément à son testament du 20 juin 1737. Mais ce partage ne fut définitivement effectué qu'au décès de sa femme qu'il avait instituée son exécutrice testamentaire. L'acte constatant le partage fut retenu par Me Lemaire, notaire du Chatelet à Paris, le 3 mars 1742.

L'aîné, *Louis-François* Crozat, fut le plus avantagé. Il eut le marquisat du Chastel, en Bretagne, d'où son appellation de marquis de Chastel comme son père. Il s'intitulait, en outre, seigneur de Kérouarle, également en Bretagne.

Le cadet, *Joseph-Antoine* Crozat, reçut en partage la baronnie de Thugny, avec les terres de la Faulche, Sex-Fontaines, Vignon, etc., en Rethelois, dans les Ardennes, ce qui le fit appeler le baron de Thugny.

Enfin, au plus jeune, *Louis Antoine* Crozat, échurent la baronnie de Thiers en Auvergne, le marquisat de Moy en Picardie, et l'hôtel bâti par son père sur la place Vendôme, paroisse Saint-Roch. On l'appelait communément « le sieur de Thiers ».

Par ce même testament du 20 juin 1737, Antoine Crozat avait « ordonné qu'il fût établi dans quelques-unes de ses terres, et notamment dans les paroisses du Thugny et de Moy, des Filles de Charité pour assister les pauvres malades desdites paroisses et des villages circonvoisins, y instruire les jeunes filles et y soulager les pauvres ». En sa qualité d'exécutrice testamentaire, Mme Antoine Crozat, voulant remplir les intentions de son mari, choisit, « du consentement des seigneurs ses enfants, les Sœurs de Charité et Instruction chrétienne de Nevers, que recommandaient leur dévouement et leurs vertus ». Dès 1741, elle jeta à Thugny les fondements de la maison qui s'est continuée jusqu'à nos jours. Mais elle mourut avant que les religieuses de Nevers eussent pu y être installées. Ce fut Louis-Antoine, baron de Thiers, qui mit la dernière main à cette fondation. Et, au mois d'octobre 1743, trois Sœurs prirent possession de la maison, dont deux pour l'instruction et une pour « panser et soigner les malades ».

La sollicitude de Louis-Antoine Crozat avait pourvu à tout avec un soin minutieux. Les appartements étaient complètement meublés, les armoires garnies de linge, la pharmacie largement approvisionnée de médicaments et munie de livres de médecine et d'instruments de chirurgie. Un jardin y avait été joint, cultivé, planté et semé pour le mieux. Louis-Antoine Crozat avait eu à cœur que rien ne manquât à l'utilité et à l'agrément des pauvres.

La fondation de Moy était semblable à celle de Thugny.

Pour doter ces deux établissements, Antoine Crozat avait légué à chacun d'eux « 875 livres de rentes au principal du denier 40 de 35,000 livres, faisant moitié de 1750 livres au principal de 70,000 livres constituées sur les aydes et gabelles de France par contrat passé devant Bailly et son confrère, notaires à Paris, le 21 mai 1721[1] ». Les 875 livres de rentes annuelles étaient ainsi réparties : 600 livres pour la subsistance des Sœurs et leur entretien, 200 livres pour les drogues, médecines et bouillons qu'elles devaient donner gratuitement aux malades du lieu, et 75 livres pour les réparations des bâtiments de leur maison.

Les Sœurs, chargées de ces deux établissements, devaient rendre compte chaque année au seigneur ou à la personne qu'il commettrait à cet effet et justifier de l'emploi des 875 livres[2].

*
* *

L'aîné des fils d'Antoine Crozat — *Louis François*, marquis du Chastel — fut surtout un homme de guerre. Il passa sa vie dans les camps. Son père l'avait pourvu, en 1717, de la cornette des Mousquetaires-Noirs. L'année d'après, le 21 janvier 1718, il obtenait le brevet de colonel du régiment des Dragons de Languedoc. Il fut fait brigadier le 20 février 1734, puis maréchal de camp le 1er mai 1738, enfin lieutenant-général des armées du Roi le 2 mai 1744.

Il avait la réputation non seulement d'être un bon militaire, mais encore d'avoir beaucoup d'esprit. On peut en juger par le portrait qu'il a laissé de lui-même :

« M. du Chastel est vilain et petit; sa physionomie est obscure; sa timidité extrême est cachée sous des traits rudes et immobiles... On serait tenté de croire qu'il n'est qu'une ébauche de la nature; il paraît qu'il ne lui doit ni ses goûts, ni ses idées, ni ses sentiments, et qu'il se les est toujours donnés à force de culture et de travail; son cœur et son esprit semblent des hôtes étrangers domiciliés chez lui et qu'il y a retirés afin d'achever et de perfectionner son être; il a appris à penser comme les autres apprennent à jouer des instruments et à danser. C'est proprement l'homme de l'art... Comme

1. Archives du château de Thugny.
2. Pouillé de Bauny, dans les Ardennes.

M. du Chastel s'est moulé sur d'excellents modèles, tous ses sentiments sont honnêtes, et la plupart de ses idées sont saines et assez justes... S'il avait pu se donner de la vanité et de l'ambition, il se serait peut-être fait un grand homme. »

On le voit, le marquis du Chastel « se plaisait un peu trop à disséquer ses idées, à remonter à la source des choses ». Aussi le traitait-on de « métaphysicien ». Et on ajoutait : « Il disserte toujours; il ne cause jamais. » Il avait communiqué ses goûts à sa femme et peut-être aussi à ses enfants, car on retrouve toutes ses qualités avec tous ses défauts dans sa fille, la duchesse de Choiseul, qui fut la meilleure des femmes, mais « parfois bien raisonneuse, bien pointilleuse, aimant elle aussi à disséquer ses idées ».

La marquise du Chastel avait autant d'esprit que son mari, et non moins de timidité. Tous ceux qui ont écrit d'elle constatent qu'elle était d'un commerce aimable et douée d'un caractère aussi solide qu'agréable. « Elle est charmante, a dit Montesquieu, et elle n'aura jamais de rivale aux yeux de personne que Madame sa fille » ; et la duchesse de Choiseul était le modèle des femmes par l'esprit et par la bonté. Le prince de Beauveau ajoutait : « C'est une des femmes du monde qui m'a toujours paru rassembler le plus de mérite et d'agrément. » Enfin, Mme Du Deffand ne tarissait pas d'éloges sur son compte. Elle la voyait fréquemment et faisait le plus grand cas de son esprit et de son cœur. Un jour qu'elle s'était amusée à écrire son portrait, elle le lui envoya, et ce portrait est curieux. En voici les principaux traits :

« Je sais que rien n'échappe à votre pénétration, mais je crois cependant que vous ne vous connaissez pas vous-même. Apprenez-donc que vous avez beaucoup d'esprit, que vous l'avez étendu et pénétrant, que vous jugez sainement de tout, que vous avez la gaieté dans l'humeur, les façons nobles, la plaisanterie fine; en un mot qu'il ne vous manque rien pour plaire... Le seul défaut que je vous connaisse, c'est votre timidité... Empêchez votre amour-propre de s'effaroucher si précipitamment...

« C'est votre méfiance qui vous donne des malheurs imaginaires au milieu de tous les biens réels ; c'est elle qui arrête les mouvements de votre âme et qui vous rend peut-être peu accessible à l'amitié; c'est elle qui vous inspire la crainte et la réserve, et vous prive de la plus grande douceur de la vie : de donner, d'ouvrir son cœur et de se croire aimée.

« Ouvrez les yeux, Madame, sur votre propre mérite; voyez-vous comme les autres vous voient, et vous vous apercevrez promptement de l'estime et du goût que vous inspirez. On vous aime, on vous désire. Répondez à ces sentiments par un peu plus de confiance, et personne ne sera aussi parfaite ni aussi aimable que vous. »

Le marquis du Chastel ne mourut pas vieux. Il décéda à Paris le 31 janvier 1750 et fut inhumé en l'église Saint-Méry. Il n'avait que cinquante-neuf ans.

*
* *

Le second fils d'Antoine Crozat — *Joseph-Antoine* Crozat, marquis de Thugny, président des Enquêtes au Parlement de Paris — n'avait pas tardé à suivre dans la tombe son frère Louis-François Crozat, marquis du Chastel, car il est mort en 1751. N'ayant pas eu d'enfants de son mariage avec Catherine-Marguerite-Michelle Amelot de Gournay, il laissa sa fortune à son frère puîné, Louis-Antoine Crozat, baron de Thiers, qui devint ainsi propriétaire du marquisat de Thugny et de plusieurs autres seigneuries avoisinantes, et dont la fortune déjà grande s'augmenta considérablement.

A l'exemple de son oncle, le célèbre collectionneur et amateur d'art Pierre Crozat, le président de Thugny avait formé un important cabinet de tableaux et de sculptures qui fut vendu après sa mort, avec ce qui était resté du cabinet de son oncle.

Cette vente fut ainsi annoncée par les *Mémoires de Trévoux*[1] : « Catalogue des Tableaux et Sculptures tant en bronze

1. Mai, 1751, 1er volume, page 1513.

qu'en marbre du cabinet de feu M. le Président de Tugny et celui de M. Crozat dont la vente se fera vers le milieu du mois de juin 1751 en l'hôtel où est décédé M. le Président de Tugny, place Louis-le-Grand, 8°, pag. 60, chez Louis-François De La Tour, rue Saint Jacques, etc. » Les *Mémoires de Trévoux* ajoutent : « Ce catalogue, dressé avec intelligence et avec goût, indique les richesses que deux connaisseurs opulents ont rassemblées. On y voit des tableaux de toutes les écoles et des plus grands maîtres, tels que Raphaël, Jules Romain, le Titien, Paul Véronèse, le Baroche, le Tintoret, Rubens, Rembrandt, Vauvermans, Teiniers, Poussin, Lebrun, Mignard, Le Lorrain, Lafosse, etc. On a ici 41 tableaux du cabinet de M. de Tugny et 244 du cabinet de M. Crozat. On marque toujours la grandeur, on distingue ce qui est copie d'avec ce qui est original, et l'on avertit que, pour satisfaire les connaisseurs, quelques semaines avant la vente, les appartements de l'hôtel où est décédé M. de Tugny seront ouverts au public. »

* * *

Le troisième et dernier fils d'Antoine Crozat — *Louis-Antoine* Crozat, baron de Thiers, marquis de Moy, — avait embrassé la carrière des armes comme son frère aîné, Louis-François Crozat, marquis du Chastel. Nous l'avons déjà montré capitaine de dragons au régiment de Languedoc lors de son mariage en 1726, avec Marie-Louise-Augustine de Laval-Montmorency, alors âgée de quatorze ans. Il s'était distingué, sous le prince Eugène de Savoie, au siège et à la bataille de Belgrade contre les Turcs (1717). Il prit part l'année suivante aux sièges de Fontarabie et de Saint-Sébastien. Il se fit surtout remarquer pendant les campagnes d'Allemagne en 1734 et 1735. Le 1er janvier 1735, il fut promu maréchal général des logis des Camps et Armées du Roi. Elevé au grade de lieutenant-général après avoir combattu à Dettingen, en 1734, il prit part successivement au siège et à la bataille de Coni, aux sièges de Mons (1746) et de Namur, aux batailles de Raucoux et de Lawfeld (1747). Il devint enfin gouverneur de la province de Champagne au département de Reims.

Il avait une fortune immense et en savait jouir largement. Par ses héritages ou par ses acquisitions il était devenu seigneur de chef du port de Quilly, Peyras, Montcornet en Ardennes, Hannogue, Thugny, Trugny, Seuil, Amayné, Perthes, Saint-Gobert, Pargny, Ressons, Doux, baron de la Fauche. Il habitait l'hôtel patrimonial de la place Vendôme. Son château de Thugny était une résidence princière, et il y recevait magnifiquement.

Quoique propriétaire de plusieurs seigneuries voisines, il voulut encore agrandir ses domaines. Le 14 décembre 1745, il acquit de Messire Gabriel-Antoine de Féret de Varimont et de dame Marie-Françoise de Bouteville, sa femme, la seigneurie de Perthes avec haute, moyenne et basse justice, amendes et tous autres droits en dépendant. M. et Mme Féret de Varimont s'étaient seulement réservé la jouissance de l'immeuble vendu leur vie durant, et cette jouissance ne devait revenir au baron de Thiers qu'au fur et à mesure des décès des vendeurs. Le prix consenti était de 12,000 livres, plus une rente viagère de 800 livres pour M. Féret de Varimont et de 400 livres pour Madame de Noblet.

En 1756 et 1757, le baron de Thiers avait encore annexé à la seigneurie de Thugny celles d'Arson, de Paigny et de Doux.

Un des plaisirs qui lui étaient les plus chers et auquel il s'adonnait aussi souvent qu'il le pouvait, c'était la chasse. Il avait pris tous les moyens pour rendre giboyeuse la vaste terre de Thugny. Lièvres, perdrix, lapins y abondaient. Il l'avait même peuplée de faisans, oiseaux rares à cette époque et de grand prix. Mais il avait une voisine qui n'était pas moins passionnée que lui pour la chasse. C'était Madame Henri de Fuschenberg, châtelaine d'Arson. Leurs terres et leurs bois étaient contigus. Malheur au gibier qui quittait le domaine de Thugny pour s'aventurer sur les terres de la châtelaine. Elle en faisait sa proie, si bien qu'il n'en restait presque plus pour le baron. En vain il employa les douces remontrances, en vain il eut recours aux plus vives insistances ; il s'aperçut qu'il ne lui restait qu'un moyen de vaincre l'obstination de sa voisine : c'était de lui acheter ses seigneuries. Il s'adressa d'abord au comte de Monthy et à la duchesse de Bérat, qui étaient copropriétaires par indivis de ces seigneuries, et leur proposa de leur acheter leur part. Ils finirent par y consentir. Le contrat de vente fut passé le 25 mai 1756 moyennant 120,000 livres en principal et 12,000 livres en pots-de-vin. Le fief de Couteville lui fut également cédé pour 6,000 livres et 600 livres en pots-de-vin. Il entra ensuite en pourparlers avec Madame Henri de Fuschenberg et sa fille, qui, après quelques résistances, finirent par lui céder leur part pour 140,000 livres. Dès son acquisition, Louis-Antoine Crozat fit démanteler le château d'Arson. Les tours, tourelles et ouvrages de défense furent démolis, et le château de Thugny demeura ainsi sans rival dans son voisinage. Les bois eux-mêmes qui entouraient l'habitation et qui étaient garnis de hautes futaies admirables furent coupés à blanche taille et vendus.

S'il avait des démêlés avec ses voisins, le baron de Thiers était, au contraire, plein de bonté pour tous ceux qui dépendaient de lui. Une seule fois, il se montra exigeant dans ses droits. C'était à l'époque de la fenaison. L'année avait été pluvieuse et les foins étaient très abondants. Forte récolte, temps incertain, il y avait double raison pour se hâter. Mais le baron de Thiers tardait à faire publier les bans afin de favoriser le gibier. Jacques Forest, procureur fiscal du village, homme intelligent et énergique, voyant sa moisson en train d'être compromise, alla trouver ses faucheurs.

« Demain, dit-il, vous faucherez mes prés.

— Mais le ban n'est pas publié.

— Peu m'importe. Vous faucherez. Je prends tout sous ma responsabilité. »

Le lendemain, ses hommes étaient à l'ouvrage lorsque survint un des piqueurs du baron de Thiers.

« Qui vous a permis de devancer le ban ? » leur dit-il d'une voix courroucée.

— M. Forest nous a commandés, répondirent humblement les faucheurs. C'est pour lui et par ses ordres que nous travaillons. »

Le piqueur rendit compte au baron qui manda aussitôt le délinquant.

« Comment, Jacques Forest, as-tu osé faucher tes foins avant que je n'aie fait publier le ban? Prends garde, ajouta-t-il en levant la main et en désignant de l'index la tour qui servait de prison.

— Monseigneur, répondit Jacques Forest, je suis libre dans mes propriétés comme vous l'êtes dans les vôtres.

— Eh bien, je vais te prouver le contraire. »

Et le baron de Thiers le fit enfermer dans la tour. Mais, au bout d'une heure, il ordonna qu'on le délivrât; et, après une légère remontrance, il ajouta en lui pinçant légèrement l'oreille :

« Heureusement qu'il n'y en a pas beaucoup ici comme toi, Jacques Forest; sans quoi, notre règne serait fini.

— Non, il n'est pas encore fini votre règne, Monseigneur; mais il s'avance », répondit fièrement Jacques Forest, et il se retira sans que le baron de Thiers l'inquiétât davantage.

Depuis, on ne publia plus de ban dans la juridiction du baron de Thiers; chacun coupa son foin quand il le voulut.

Maître d'une véritable petite principauté, dont Thugny était le chef-lieu, le baron de Thiers s'occupa surtout de la transformer et de l'embellir. Comme ses frères, il était grand ami des arts et grand collectionneur. Il fut de plus bibliophile.

Son premier soin, en devenant propriétaire du château de Thugny, fut d'y faire planter le parc qu'avait tracé Le Nôtre. Il détourna et rectifia le cours de l'Aisne pour la faire passer à travers le parc.

Il s'occupa, en même temps, des routes qui conduisaient à son domaine et construisit notamment celle qui va de Thugny à Seuil. Il fit rectifier et améliorer la voie de Rethel à Attigny par Thugny. Il provoqua la réparation du pont qui se trouve sur cette route et contribua à la dépense.

Il fit dresser la statistique des terres incultes et des dépenses à faire par arpent pour les mettre en rapport.

Il mit enfin tous ses soins à la réparation et à l'aménagement du château, à la décoration et à l'ameublement des appartements. Le grand salon était surtout remarquable par ses panneaux en laque de Chine, ses glaces de Venise, ses meubles sculptés et dorés, dont plusieurs ont fait l'ornement de l'Exposition rétrospective de Reims, en 1876, et excité l'admiration des connaisseurs.

Son cabinet de tableaux n'était pas moins célèbre que ceux de son oncle, Pierre Crozat, et de son frère, le président de Thugny. Il se composait de 351 tableaux, dont 168 peints sur toile, 145 peints sur bois, 38 sur cuivre. La plupart étaient signés par des peintres renommés. On y admirait encore d'excellents pastels, des tableaux fort délicatement faits en laiton et d'assez nombreux morceaux de sculpture, parmi lesquels les *Jeux de l'Enfance*, exécuté par Gérard Gauthier, artiste réputé à cette époque.

Louis-Antoine Crozat aimait lui-même à dessiner. On a conservé de lui quelques dessins à la plume qui témoignent d'un réel talent.

Sa maison, organisée comme celle d'un prince, comptait un nombreux personnel. Pour le loger, il fit bâtir une aile entière qui, de la porte extérieure, remonte au midi et fait face au nord-ouest.

Ses chasses étaient dirigées par un capitaine, ayant sous ses ordres deux principaux piqueurs, secondés par de nombreux servants.

Il entretenait une garde considérable pour garder ses chasses et surveiller ses terres.

Ses écuries contenaient de nombreux chevaux de choix, soignés par des palefreniers sous les ordres d'un chef, sans compter un premier cocher et un écuyer.

Deux valets de chambre et une femme de chambre étaient attachés à son service.

Il entretenait enfin une compagnie de soixante cavaliers qui étaient commandés par un officier, ayant sous ses ordres deux lieutenants.

Ce nombreux personnel, auquel venaient se joindre des ouvriers de tous les corps d'état, donnait une grande animation au château. Chacun y avait son poste, ses occupations, son rôle bien déterminé, non seulement pour le nécessaire et l'utile, mais encore pour l'agréable.

Louis-Antoine Crozat avait installé dans un des pavillons du château une salle de spectacle, dont la bibliothèque actuelle était la scène. Il y faisait donner par ses serviteurs de fréquentes représentations et choisissait parmi eux ceux qui lui paraissaient les plus intelligents et les mieux doués pour les transformer en acteurs. Une des pièces préférées, et qu'à cause de cela on jouait assez souvent, était la tragédie de *Zaïre*, peut-être la mieux conduite de toutes celles de Voltaire. Vingt fois répétée, elle laissait toujours l'assistance profondément impressionnée, vivement touchée et attendrie.

Le baron de Thiers conviait à ses spectacles et à ses fêtes non seulement la noblesse des environs, mais aussi les habitants de ses domaines. A tous, il faisait avec une grâce parfaite et une générosité princière les honneurs de sa maison.

Cette vie de faste et de plaisir, cette accumulation de gens de toute catégorie avaient bien leurs inconvénients pour la moralité publique. En se répandant dans le village, à leurs heures de loisir, les serviteurs, les soldats y apportaient des mœurs licencieuses, dont les registres de naissance font foi.

Louis-Antoine Crozat lui-même y eut un enfant naturel, dont il fit le régisseur principal du domaine et le gouverneur du château. On l'appelait M. de Saint-Germain. C'était un petit homme roux, laid, très fier de son origine, très hautain avec tous et, par conséquent, très détesté.

Ainsi que nous l'avons déjà dit, le baron de Thiers s'était allié à une des plus grandes familles de France. Il avait épousé, le 19 décembre 1726, Louise-Augustine de Montmorency-Laval.

Douée d'une grande beauté, la baronne de Thiers se faisait, en outre, remarquer par l'élévation de son esprit et par la bonté de son cœur. Au milieu de la mondanité la plus excessive, elle savait garder les sentiments pieux d'une âme profondément dévote, sans avoir l'air ni gêné ni contraint. Polie et même affable vis-à-vis de tous, elle n'en gardait pas moins sa dignité et commandait au plus humble comme au plus important de sa petite cour le dévouement autant que le respect. Sa charité était grande, et elle s'occupait spécialement des pauvres qu'elle aimait à visiter, à soigner et à combler de ses aumônes.

La baronne de Thiers était allée rétablir sa santé aux eaux de Barèges, lorsqu'elle y mourut, le 23 août 1770, à l'âge de cinquante-huit ans. Son corps fut transporté à Tarbes et inhumé dans l'église cathédrale de cette ville.

Son mari ne lui survécut que de quelques mois. Il décéda, en effet, à Paris, le 15 décembre 1770, à l'âge de soixante et onze ans.

La carrière des armes n'avait pas empêché Louis-Antoine Crozat, baron de Thiers, et plus tard marquis de Thugny, de cultiver ses goûts de collectionneur et de bibliophile. Il possédait une bibliothèque composée de fort beaux livres, et une collection d'estampes, de sculptures et autres objets d'art : l'une et l'autre furent vendues à sa mort, la première en 1771 et la seconde en 1772. Quant à sa galerie de tableaux, elle avait fait, en 1755, l'objet d'un catalogue resté célèbre et ainsi intitulé : « *Catalogue des Tableaux du cabinet de M. Crozat, baron de Thiers*. A Paris, chez De Bure l'Ainé, Quai des Augustins, du côté du pont Saint-Michel, à Saint-Paul, MDCCLV (1755) »; un grand in-8° de 96 pages[1].

Ce catalogue décrit chaque tableau et indique son emplacement dans l'appartement qu'il ornait.

1. Un exemplaire de ce catalogue se trouve à la Bibliothèque de la ville de Toulouse.

Ainsi, dans la première pièce de l'appartement du rez-de-chaussée sur le jardin, on voyait notamment un « *Saint-Sébastien* par Léonard de Vinci, peint sur bois, de 5 pieds 10 pouces de haut, sur 3 pieds 11 pouces de large ».

Dans la seconde pièce qui suivait, c'étaient « deux portraits, dont l'un jusqu'aux genoux représentait un *Médecin vêtu de noir* et vu de trois quarts, une main appuyée sur le bras d'un fauteuil, par Antoine Van Dick. Il a été gravé en manière noire par Barras : une toile de 3 pieds 1 pouce de haut, sur 2 pieds 7 pouces de large ». On y trouvait, en outre, un tableau représentant « un *Bain de Nymphes,* par Jules Romain. Il est gravé dans le *Recueil d'Estampes* publié par les soins de M. Crozat : sur bois, de 1 pied 4 pouces de haut, sur 1 pied 7 pouces de large ». A gauche de la porte, deux portraits attiraient les regards : celui d'un *Vieillard* avec une fraise, par Jacques Jordaens, et celui de *Van Dick* peint par lui-même, vu jusqu'aux genoux, paraissant tout jeune, ayant les cheveux blonds et appuyant sa main sur le piédestal d'une colonne. Il y avait également plusieurs esquisses de Rubens, représentant des scènes du mariage de Henri IV et de Marie de Médicis, un *Paysage* par Claude Gelée, dit le Lorrain, une *Bataille* par Sébastien Bourdon dans la manière de Bourguignon, des Porbus, des Baroche, des Véronèse, des Guerchin, des Benedetto Luti, des Salvator Rosa et plusieurs autres.

La troisième pièce de l'appartement au rez-de-chaussée et dans la partie supérieure n'était pas moins ornée de tableaux de grand mérite attribués à Van Dick, à Rembrandt, à Annibal Carrache, au Titien, au Corrège, à Lanfranc, à Carlo Maratti, au Tintoret, au Bassan, à Jules Romain, à Alexandre et à Paul Véronèse, etc.

Dans la quatrième pièce de l'appartement du rez-de-chaussée, on voyait tout d'abord un magnifique *Portrait du cardinal Polus* jusqu'aux genoux, par Raphaël d'Urbin, sur toile, haut de 3 pieds 5 pouces sur 2 pieds 9 pouces de largeur, gravé dans le *Recueil de Crozat,* et, au-dessous, deux tableaux, l'un de Paris Bordone représentant *la Foi*, et l'autre un *Por-*

trait de femme, coiffée d'une toque et vêtue d'une robe écarlate, par André del Sarte. Dans la ligne d'en bas et au milieu avait été mis sous glace un admirable dessin de Raphaël représentant la *Bataille de Constantin.* Ces tableaux et ces dessins étaient suivis d'autres tableaux par le vieux Palma, par le Pardenon, par André Schiavone, par Jean Bellini, par Pietro Testa, par le Tintoret, par l'Espagnolet, par le Dominiquin, etc., la plupart reproduits dans le *Recueil de Crozat.*

Pour le petit salon de la galerie, un choix de tableaux excellents avait été fait. C'était, d'abord, à droite de la porte d'entrée, *Danaé recevant Jupiter métamorphosé en pluie d'or,* par le Titien, et vis-à-vis le même sujet par Rembrandt. Puis venaient, à gauche de la cheminée, une *Femme terrassée* et prête à être poignardée par un homme vêtu d'une tunique rayée de rouge et de blanc, première pensée du Titien pour le tableau qu'il a peint dans l'Ecole Saint-Antoine de Padoue, et diverses autres peintures sur toile, sur cuivre ou sur bois, par le Guide, Nicolas Poussin, Benedette Castiglione, Paul Véronèse, Le Sueur, l'Albane, le Corrège, le Dominiquin, Pietro de Cortone, Quentin Metsys, dit le Maréchal d'Anvers, Nicolas Poussin, etc.

Dans l'antichambre du grand appartement, au premier étage, des portraits par Antoine More, Holbein, Antoine Van Dyck, Paris Bordone, le Titien et des tableaux allégoriques représentant le *Printemps*, l'*Eté,* l'*Automne* et l'*Hiver*, par l'un des Bassan. Un peu plus loin, la *Première femme de Rubens*, peinte par son mari; le *Portrait d'un bourgmestre* à barbe blanche et vêtu de noir, tenant un papier et assis dans un fauteuil, avec fond d'architecture par Jacques Jordaens; deux magnifiques portraits, par le Titien, et la *Famille du comte d'Ahondel*, par Antoine Van Dyck.

Le cabinet qui se trouvait à la suite de la bibliothèque était plus spécialement consacré à l'Ecole française. On y voyait des œuvres achevées ou des esquisses de Charles de la Fosse, de Nicolas de Largillière, de Parocel le père, de Patel, de Blanchard, d'Antoine et de Charles Coypel, de Pater, de Santerre, des frères Le Nain, de Natoire, de Chardin, de Jacques Callot, de de Troy, de Nicolas Poussin, de Simon Vouet, du sculpteur Pierre Puget, qui avait peint une *Sainte-Famille* dans un paysage avec des ruines; de Raoux, de Bon Boulogne, de Sébastien Bourdon, de Subleyras, de Claude Lorrain, de Nicolas Loir, de Bourguignon, de Jean Jouvenet, de François Boucher, etc.

A l'entresol, se trouvait l'appartement de Louis-Antoine Crozat, baron de Thiers. Les tableaux qu'il renfermait n'étaient pas moins remarquables. On y comptait des œuvres de Paul Véronèse, de Nicolas Pousssin, d'Antoine Watteau, de Gérard Dow, d'Adrien Van de Velde, de Philippe Wouvermans, de François Mieris, de Both d'Italie, de Gabriel Metzu, de Rubens, de Rembrandt et de plusieurs autres maîtres réputés.

Le cabinet de travail était également tapissé de tableaux dans tous les genres et de toutes les écoles.

Ce qui surprend, c'est que tous ces tableaux avaient pu être vendus, notamment le *Portrait de la Duchesse de Broglie* et celui de la *Comtesse de Béthune*, tous deux par Tocqué, car c'étaient des portraits de famille qui semblaient ne pas devoir être livrés aux enchères. Il en était de même d'un délicat *Portrait de la Comtesse d'Evreux*, par la Rosalba. En revanche, le catalogue ne mentionnait aucun des portraits représentant les hommes de la famille Crozat. Il ne parle pas non plus du *Portrait de Madame Antoine Crozat*, née Marie-Marguerite Le Gendre, qui est également sorti depuis longtemps des biens de la famille. Il se trouve actuellement au Musée de Montpellier, où il est susceptible d'exciter l'admiration par son exécution ferme et brillante. Mme Antoine Crozat y est représentée de face, assise sur une grande chaise-fauteuil à dossier rouge, devant un métier à tapisserie. Elle appuie sa main gauche sur la tapisserie, et, de la main droite, tient des besicles d'or. Coiffée d'un riche bonnet de dentelles à la vieille, elle est vêtue d'une jupe de soie blanche et d'une robe de chambre de même étoffe, bordée d'une large bande de broderie d'or. Son visage a un aspect un peu viril avec son nez aquilin assez accentué, mais mince, et ses yeux bruns, très vifs, où pétille l'intelligence. Sa bouche est petite et semble malicieuse. On dirait d'une riche bourgeoise de province, plutôt que d'une grande dame de Paris. Ce portrait fut exposé au Salon de 1741 : à cette époque, Mme Antoine Crozat était au déclin de sa vie, car elle est morte l'année suivante. Il fut fort admiré et le méritait à tous égards; il est en effet remarquable par l'intensité de vie de la figure et par l'exécution habile des détails. Pendant longtemps il a été attribué à Chardin et il a passé pour représenter Madame Geoffrin. Il est aujourd'hui restitué à son véritable auteur, Aved (Jacques-André Joseph), né à Douai le 12 janvier 1702, et mort à Paris le 4 mars 1766. Il a été récemment gravé dans la *Gazette des Beaux-Arts*[1].

Du temps où la Rosalba était l'hôte de Pierre Crozat, elle avait exécuté de nombreux tableaux au pastel, conservés, les uns dans le petit salon, les autres, en plus grand nombre, dans la petite galerie en entrant à droite. C'étaient des sujets allégoriques, une Vierge, et surtout de petits portraits, parmi lesquels nous avons déjà cité celui de la *Comtesse d'Evreux*, Marie-Anne Crozat.

Dans l'entresol occupé par le duc de Broglie, l'Ecole de Flandre était représentée par David Téniers, Pierre-Paul Rubens, Breughel de Velours, Adrien Van de Velde, Rembrandt, Jean Holbein, Paul Potter, Adrien Brauwer, Philippe Vouvermans, Lucas de Leyde, Adam Elsheimer, Paul Bril, Gabriel Metzu, Corneille Polembourg, Jean Stein, Terburch, Albert Durer, Adrien Van Ostade, Mieris, Pierre Van Boscher, Thomas Wyck, etc.

Le tout formait un ensemble merveilleux qui fut acheté par l'impératrice de Russie, Catherine II, et la plupart des tableaux ainsi acquis figurent aujourd'hui au Musée impérial de l'Ermitage, à Saint-Pétersbourg.

A la mort de *Louis-François* Crozat, marquis du Chastel, en 1750, on n'avait mis en vente que les sculptures de son cabi-

1. Troisième période, t. XV, p. 172.

net. Ses tableaux et ses estampes furent dispersés aux enchères en partie en 1751, avec ceux de son frère, le président Crozat de Thugny, et le reste en 1772, avec ceux de son autre frère, le lieutenant-général Crozat de Thiers.

Ces ventes successives ne peuvent s'expliquer que par des nécessités de partage de famille. Elles n'en furent pas moins regrettables, car elles dispersèrent à tout jamais des collections qui étaient uniques par leur nombre et par leur valeur, qui avaient coûté pour les former beaucoup de temps et beaucoup d'argent, et qui furent en grande partie perdues pour la France.

V. — Les Petites-Filles d'Antoine Crozat-le-Riche et leur descendance.

Des trois fils d'Antoine Crozat-le-Riche, deux seulement laissèrent une postérité : l'aîné, *Louis-François* Crozat, marquis du Chastel, et le plus jeune, *Louis-Antoine* Crozat, baron de Thiers; mais tous deux n'eurent que des filles à leur survivance.

*
* *

Ainsi que nous l'avons déjà dit, *Louis-François* Crozat, marquis du Chastel, avait épousé Marie-Thérèse-Catherine Gouffier de Heilly. Trois enfants étaient issus de ce mariage : un garçon, qui mourut prématurément au mois de mai 1743, et deux filles.

L'aînée des filles se nommait *Antoinette-Eustachie* Crozat et était née à Paris le 25 octobre 1727. Douée d'une vive intelligence, elle avait un visage agréable; mais elle manquait de grâce. Elle n'en fut pas moins très appréciée dans le monde et à la cour. Elle avait vingt-deux ans révolus lorsqu'elle fut mariée, le 21 janvier 1744, à Charles-Antoine-Armand de

Gontaut, marquis de Montferrand, dans le Gers, plus tard duc de Biron, fils de Charles-Armand de Gontaut, duc de Biron, pair et maréchal de France, et de Marie-Antonine Bautru de Nogent. Fait colonel du régiment de Biron, après son frère aîné en 1735, brigadier le 20 février 1743, maréchal de camp le 1er mai 1745, lieutenant-général le 17 mai 1748, gouverneur de Landau en Alsace et chevalier des ordres du Roi le 2 février 1757, le duc de Biron a laissé la réputation d'un des hommes les plus distingués de son temps par son amabilité naturelle jointe à une grande gaîté, par sa manière noble et agréable de s'exprimer, par son merveilleux usage du monde et de la cour. Doué d'un sens juste et droit, il se tenait éloigné des intrigues et savait mesurer son ambition. Son crédit était grand, mais il en usait peu pour lui. Il l'employait à rendre de petits services qui le faisaient rechercher et prouvaient son caractère bienveillant et ses habitudes serviables. Il aimait à se laisser vivre agréablement dans une société frivole, mais de bon ton et de grand goût pour les choses de l'esprit et de l'art. Il était particulièrement lié avec le comte de Choiseul-Stainville, fils aîné de l'envoyé du duc de Toscane à la cour de France, François-Joseph de Choiseul, marquis de Stainville, et de Louise-Charlotte-Elisabeth de Bassompierre. Cette amitié était « si grande qu'il lui procura toutes les faveurs dont il pouvait disposer et qu'il n'ambitionnait pas pour lui-même ».

S'il faut en croire les contemporains, Antoinette-Eustachie Crozat, marquise de Gontaut, s'éprit de son côté du comte de Stainville et l'aima « éperdument ». Elle était restée sans enfant, lorsque, le 13 avril 1747, elle accoucha d'un fils qui fut appelé Armand-Louis de Gontaut et porta d'abord le titre de duc de Lauzun, qu'il rendit, pour la seconde fois, célèbre par ses dissipations, ses galanteries et ses succès auprès des femmes.

Cet arrière petit-fils d'Antoine Crozat-le-Riche a eu la plus étrange destinée. Après avoir passé sa jeunesse à parcourir l'Europe, il s'était marié, le 4 février 1766, avec Amélie de

Boufflers dont il n'eut jamais d'enfants. Lorsqu'elle contracta ce mariage avec un des viveurs les plus débauchés de son temps, Amélie de Boufflers n'avait que dix-sept ans, et elle était douée d'une figure, d'une douceur et d'une timidité toutes virginales. Chez sa grand'mère, la maréchale de Luxembourg, elle avait fait, dès l'âge de onze ans, l'admiration de Jean-Jacques Rousseau, qui vivait dans l'intimité de la maréchale. Un jour, Rousseau l'avait rencontrée seule dans l'escalier du petit château de Montlouis. Faute de savoir quoi lui dire, il lui proposa un baiser que, dans l'innocence de son cœur, elle ne refusa pas. C'était en 1760. Trente-quatre ans après, le 28 juin 1794, la duchesse de Lauzun, la plus pure et la plus douce parmi les femmes connues du dix-huitième siècle, était condamnée à mort par des hommes qui étaient de fervents disciples de Rousseau. Si l'on se remémore rapidement l'enchaînement mystérieux et fatal des effets et des causes, n'y a-t-il pas lieu de penser avec Jules Lemaître que ce baiser donné à la petite Amélie de Boufflers par Jean-Jacques — le plus violent contempteur de la société de son temps, et, en particulier, des grands privilégiés qu'il recherchait pourtant et dont même il vivait — c'était déjà le baiser de la guillotine qu'avaient fait surgir ses doctrines, après avoir pénétré dans les cerveaux des avocats, des robins et des hommes de lettres et être descendues dans les têtes les plus obtuses pour s'y traduire par des actes sanguinaires?

Le même sort avait déjà atteint le duc de Lauzun, malgré ses services rendus pendant la Révolution comme sous la Monarchie. Dès 1777, il avait attiré l'attention par un Mémoire intitulé : *Etat de défense de l'Angleterre et de toutes ses possessions dans les quatre parties du monde*, et avait été nommé mestre de camp du régiment royal (dragons) en 1778. Il était ensuite chargé d'une expédition contre le Sénégal et les autres possessions anglaises de la côte. Il y remporta de nombreux succès, s'empara de la forteresse du Cap-Blanc le 30 janvier 1779, de Gambie et de plusieurs autres établissements anglais du littoral. En 1780, il prit part à la guerre de l'indépendance en Amérique et se distingua dans diverses rencontres à la suite desquelles il fut fait maréchal de camp (1784).

Peu après, son oncle, Louis-Antoine, duc de Gontaut-Biron, étant mort (29 octobre 1788), il prit le nom et le titre de duc de Biron et devint pair de France par démission de son père. Lorsque éclata la Révolution de 1789, il fut d'abord député de la noblesse du Quercy aux Etats généraux, puis membre de l'Assemblée constituante qui le délégua en 1791 pour recevoir, des troupes réunies dans le département du Nord, le nouveau serment de fidélité et lui confia leur commandement. Il débuta par la prise de Quiévrain, mais échoua devant Mons. Nommé général en chef de l'armée du Rhin le 9 juillet 1792, il fut investi, le 30 septembre suivant, du commandement de l'armée d'observation destinée à surveiller les mouvements des Autrichiens établis entre Rheinfeld et Philipsbourg. L'année suivante, il fut appelé au commandement de l'armée des côtes de La Rochelle; mais il eut à lutter tout à la fois contre l'hostilité des étrangers et contre les menées des agents secrets qui semaient la division parmi ses troupes et les excitaient à l'insubordination. Fatigué de lutter ainsi sans pouvoir se faire obéir comme il le voulait pour triompher des difficultés de toute sorte qui l'entouraient, il envoya sa démission au Comité de Salut public qui la refusa en faisant appel à son patriotisme. Il obéit, s'empara de Saumur et défit l'armée vendéenne sous les murs de Parthenay. Malgré les victoires qu'il venait de remporter, il insista pour faire accepter sa démission. Ces instances irritèrent le Comité de Salut public, et Carrier en profita pour accuser Biron d'incivisme, de modération envers les Vendéens et de l'arrestation illégale du lieutenant-colonel Rossignol. Le Comité de Salut public destitua Biron, sans l'entendre en ses explications, le 11 juillet 1793, ordonna sa mise en état d'arrestation et le fit enfermer à l'Abbaye. Quelques mois après, il était traduit devant le tribunal révolutionnaire présidé par Fouquier-Tinville et condamné à mort, sous l'inculpation d'avoir conspiré contre la République. Il fut exécuté le 31 décembre 1793 et mourut sans manifester d'autres sentiments qu'un profond dégoût de la vie et un complet mépris de ceux qui l'avaient condamné. Quand vint le moment de monter sur l'échafaud, il s'adressa à ses compagnons d'infortune et leur dit en souriant : « C'est fini, Messieurs, je pars pour le grand voyage. » Puis, se tournant vers le bourreau, il lui présenta un verre de vin en ajoutant : « Prenez, vous devez avoir besoin de courage au métier que vous faites. »

*
* *

La naissance du duc de Lauzun avait été impatiemment attendue par toute la famille qui redoutait de voir s'éteindre le nom glorieux de Biron. Elle l'avait comblée d'allégresse. Mais cette joie n'avait pas tardé à se transformer en tristesse profonde : le lendemain de sa délivrance, la marquise de Gontaut avait été prise d'une fièvre violente, et trois jours après, le 16 avril 1747, elle succombait et était inhumée à Saint-Eustache.

Quoique mourante, la marquise n'avait pas oublié son amour pour le comte de Stainville. Elle avait une sœur cadette, *Louise-Honorine* Crozat, qui était née à Paris le 28 mars 1737 et qui n'était par suite âgée que de dix ans. Elle la fit venir à son lit de mort et lui fit jurer qu'elle épouserait le comte de Stainville.

L'engagement fut fidèlement tenu par Louise-Honorine Crozat. Mais il ne fut exécuté qu'après le décès de son père. Louis-François Crozat, marquis du Chastel, mourut à Paris le 31 mars 1750, et le mariage de Louise-Honorine Crozat avec Etienne François de Choiseul, comte de Stainville, maréchal des camps et armées du roi, gouverneur pour le roi de Pologne, duc de Lorraine, de la ville de Méricourt, fut célébré le 12 novembre 1750. Elle apportait une dot qui n'était pas évaluée à moins d'un million de revenus par les contemporains et en particulier par Sénac de Meilhan et Barbier.

Le comte, puis marquis de Stainville, devint un des hommes les plus considérables du dix-huitième siècle sous le nom de duc de Choiseul, titre qui lui fut donné par Louis XV en 1757.

Mieux que tout autre, peut-être, il a personnifié son temps. Il en a possédé au plus haut degré toutes les qualités aimables, mais aussi tous les défauts.

On sait ce qu'il a fait pour la France quand il a été son premier ministre, de 1758 à 1770. Grâce à la faveur de la marquise de Pompadour, dont il avait été d'abord l'adversaire, devenu successivement ministre des affaires étrangères à la chute du cardinal de Bernis (1758), puis ministre de la guerre à la mort du maréchal de Belle-Isle, enfin duc et pair et lieutenant-colonel des Suisses, il réorganisa l'armée, releva la marine et les colonies, répara les désastres des guerres précédentes, rétablit l'influence française en Europe, négocia le fameux « pacte de famille » qui unissait en un faisceau puissant les souverains de la maison de Bourbon, réunit la Corse à la France malgré l'opposition secrète de l'Angleterre, et ne tomba qu'à la suite de l'expulsion des Jésuites protégés par le Dauphin et de l'avènement de la comtesse du Barry qu'il s'était aliénée.

La plupart des contemporains qui nous ont laissé leur appréciation sur le duc de Choiseul en ont fait le plus grand éloge. D'après le baron du Gleichen, il était « bon, noble, franc, généreux, galant, magnifique, libéral, audacieux, bouillant et emporté même : il rappelait l'idée des anciens chevaliers ». Un autre de ses contemporains, qui pourtant ne l'aimait point, Duclos, a dit de lui : « Il est d'une naissance distinguée, d'une figure petite et désagréable, avec de la valeur, de l'esprit et encore plus d'audace. Il choisit, en entrant dans le monde, le rôle d'homme à bonnes fortunes. » Jeunes ou âgées, toutes les femmes raffolaient de lui. « Il est aussi charmant que jamais, écrivait Mme du Deffand; il n'y a plus que lui en qui on trouve de la grâce, de l'agrément ou de la gaîté; hors de lui tout est sot, extravagant ou pédant. »

En réalité, il était d'une taille médiocre, ses cheveux étaient presque roux et sa figure plutôt laide. Mais ses petits yeux pétillaient d'esprit, son nez au vent lui donnait un air plaisant et ses grosses lèvres riantes annonçaient la gaîté de son caractère. Sa conversation était pleine de verve. Il y joignait un maintien noble et une grâce aisée qui savaient tout à la fois séduire et en imposer. On redoutait son persiflage et il passait pour très mordant. On prétend même qu'il a servi de modèle à Gresset pour tracer le portrait du *Méchant*. Enfin, il a été un mari infidèle autant qu'on peut l'être. Il n'en a pas moins été le plus adoré des époux, et par la femme la plus aimable, la plus sympathique de son siècle.

Quand ils parlent de la duchesse de Choiseul, ses contemporains sont unanimes à vanter ses mérites. Un Anglais illustre, Horace Walpole, a laissé d'elle ce portrait charmant qui date de l'année 1766 : « La duchesse de Choiseul n'est pas très jolie, mais elle a de beaux yeux. C'est un petit modèle en cire à qui l'on n'a pas permis pendant quelque temps de parler, l'en jugeant incapable, et qui a de la timidité et de la modestie. La Cour ne l'a pas guérie de cette modestie. Sa timidité est rachetée par la plus séduisante des voix, que font oublier le tour d'expression le plus chaste et l'exquise propriété de l'expression. Oh ! c'est bien la plus gentille, la plus aimable et la plus honnête petite créature qui soit jamais sortie d'un œuf de fée. » Mme du Deffand raffolait d'elle : « Il est fâcheux qu'elle soit un ange, écrivait-elle ; j'aimerais mieux qu'elle fût une femme ; mais elle n'a que des vertus, pas une faiblesse, pas un défaut. »

Toutes ces qualités intellectuelles et morales, elle ne les devait qu'à elle-même. « Vous croyez encore que mon éducation a été excellente, écrivait-elle un jour à Mme du Deffand, parce que ma mère a été une femme d'esprit. Mais cette éducation a été la plus nulle de toutes, et c'est peut-être encore ce qu'elle a eu de mieux, car, au moins, on ne m'a pas donné les erreurs des autres. » Sa mère, en effet, se conformant aux usages de son temps, l'avait laissée à des soins mercenaires et ne s'en était jamais occupée d'une façon sérieuse. Elle s'était bornée, parfois, à quelques conseils assez sommaires comme celui-ci : « Ma fille, n'ayez pas de goûts. » C'était la traduction presque littérale de cette recommandation de l'*Imitation* : « *Fili, sta sine electione* » ; mais il est douteux que la marquise du Chastel ait voulu dire la même chose.

Ainsi livrée à elle-même dès son enfance, la « petite Crozat », comme on l'appelait familièrement, devait vieillir avant l'âge et acquérir de bonne heure une maturité d'esprit qui en avait fait une femme de sens supérieur. Elle y avait perdu aussi toutes ses illusions. Elle en a fait l'aveu avec une simplicité mélancolique, pleine de charme : « Je n'ai jamais eu de jeunesse, a-t-elle écrit, que cette heureuse duperie qu'on m'a si tôt et si inhumainement enlevée. » Ses connaissances n'en étaient pas moins variées et très étendues. « Dans ces temps où chaque coterie avait son philosophe qui en était le directeur, Mme de Choiseul, a dit Mérimée, pensait par elle-même. Ni l'ironie de Voltaire, ni les déclamations de Rousseau ne troublent son sens droit et son esprit juste. Elle juge sainement les hommes et les choses, sans se laisser entraîner par la mode ou les préjugés. On voit toujours chez elle un goût instinctif du bien et du beau. C'est une noble nature qui se faisait aimer à première vue et chez qui on découvrait chaque jour quelque motif nouveau de l'aimer davantage. »

Quant à sa conduite privée, elle fut irréprochable. Vivant au milieu d'une société profondément corrompue, elle fut une exception, et une exception fort rare dans le monde auquel elle appartenait. Jamais le plus petit soupçon, la plus légère critique ne sont venus effleurer sa réputation. Elle eut d'autant plus de mérite à rester vertueuse qu'elle n'avait jamais possédé le bonheur tel qu'elle l'avait rêvé, que les scrupules religieux n'existaient point pour elle, et que les exemples qui l'entouraient autorisaient largement toutes les faiblesses. Ni prude, ni rigide, elle était indulgente pour tout le monde, et en particulier pour son mari, malgré ses infidélités. Elle n'avait qu'une préoccupation, celle d'être digne de lui, d'acquérir son affection et de la conserver. Une de ses lettres à Mme du Deffand, en date de mai 1770, fait bien apprécier ce qu'elle désirait et ce qu'elle pensait de celui qu'elle appelait dans l'intimité « le grand-papa », comme Mme du Deffand l'appelait elle-même « la grand'maman ».

« Dites-moi, ma chère petite-fille, le grand-papa est-il remonté, mercredi, après m'avoir mise dans mon carrosse? A-t-il parlé de moi? Qu'en a-t-il dit et de quel ton? Il me semble qu'il commence à ne plus être honteux de moi, et c'est déjà un grand point de ne plus blesser l'amour-propre des gens dont on veut être aimé!... Avouez que c'est un excellent homme que ce grand-papa ; mais ce n'est pas tout d'être le meilleur des hommes, je vous assure que c'est le plus grand que ce siècle ait produit. On s'apprivoise avec sa bonhomie, et on ne remarque pas les talents supérieurs et les qualités sublimes qui sont après et que la modestie couvre. On les reconnaîtra quand il n'y sera plus, et il sera bien plus grand dans l'histoire qu'il nous le paraît, parce qu'on n'y verra pas ses faiblesses relevées du public son contemporain, parce qu'il est jaloux de ceux qui en profitent ; faiblesses qui sont le fruit d'un caractère facile, d'un cœur trop sensible, d'une âme franche et tout à découvert ; faiblesses dont les inconvénients ne portent sur aucune chose essentielle et ne peuvent le dégrader dans l'histoire, où le souvenir ne s'en conservera pas. Je ne crois point que ce jugement soit l'effet de l'aveuglement ou de la vanité... Il est bien ridicule de parler de son mari ; il est plus ridicule encore de le vanter; mais je parle à une petite-fille qui m'aime et qui aurait de l'indulgence même pour une faiblesse. »

Il était impossible de parler avec plus de délicatesse, d'abnégation et de dévouement. Mme du Deffand lui répondit :

« Ce que vous me dites sur le grand-papa est charmant ; il y a un article qui m'a fait venir les larmes aux yeux : *Il me semble qu'il commence à ne plus être honteux de moi*. Quelle modestie, quelle délicatesse, quel vernis, quel éclat le véritable amour donne à toutes les vertus ! Si le grand-papa ne sentait pas son bonheur, je ne lui accorderais aucune estime ; mais il le connaît, il le sent, et je suis bien sûre de ne pas me tromper en croyant que vous êtes ce qu'il aime mieux, et peut être uniquement. »

En lui écrivant ainsi, Mme du Deffand savait être particulièrement agréable à la duchesse de Choiseul. Elle n'en était pas moins sincère, car elle partageait tout son engouement pour son mari.

Il en était de même de beaucoup d'autres, et en particulier de la marquise de Pompadour. Elle eut bien quelques préventions contre Choiseul à son arrivée au ministère. Mais elle se laissa si bien séduire par son esprit, par sa gaieté, par le tour facile qu'il savait donner à ses idées, qu'elle finit par le considérer comme l'homme le plus aimable, le grand seigneur le plus accompli et le ministre le plus utile au gouvernement de la France et à son prestige en Europe.

Quant au roi, il n'était pas moins satisfait de l'avoir à la tête de son conseil, car le duc de Choiseul savait lui aplanir toutes les difficultés politiques et souvent lui enlever le souci des affaires les plus délicates.

Choiseul ne s'était pas contenté d'acquérir personnellement la confiance de Louis XV et la faveur de la marquise de Pompadour. Il avait été jusqu'à introduire dans le cercle de la favorite sa propre femme et, plus tard, sa sœur Béatrice, duchesse de Grammont. Une telle conduite ne peut que choquer nos idées actuelles, et il est tout naturel de s'étonner qu'une femme aussi vertueuse que la duchesse de Choiseul ait consenti à devenir l'intime de la marquise de Pompadour, même pour plaire à son mari et pour lui être utile. Dans tous les cas, cette intimité ne nuisit en rien à sa bonne réputation. On la vit partager les goûts et les plaisirs de la favorite, faire partie de ses jeux, de ses chasses, de ses soupers, en un mot vivre constamment avec elle comme avec une amie, sans s'attirer la moindre critique.

Toutes ces distractions n'empêchaient pas la duchesse de Choiseul de s'intéresser aux choses de l'art et de la littérature. Elle avait fait du secrétaire de son mari, l'abbé Barthélemy, son éducateur le plus fidèle, et celui-ci l'avait personnifiée dans le jeune Anacharsis de son célèbre *Voyage en Grèce*. Elle ne négligeait ni les philosophes, ni les littérateurs de son temps dont elle aimait à suivre les productions. Les appréciations qu'elle a laissées d'eux dans ses lettres témoignent de son esprit éclairé et de son jugement sûr. Ainsi, elle disait de Jean-Jacques Rousseau, le 17 juillet 1766 :

«... Rousseau est peut-être un des auteurs qui a eu le plus d'esprit, qui a écrit avec le plus de chaleur et dont l'éloquence est la plus séduisante. Il a prêché le bien; mais croyez bien que, s'il eût prêché le mal, personne ne l'eût écouté. Il n'y aurait pas d'imposteurs si la vertu n'avait pas un masque propre à couvrir tous les visages. Il nous a prêché une bonne morale, que nous connaissions, du reste, parce qu'il n'y en a qu'une seule; mais il en a tiré des conséquences suspectes et dangereuses, ou nous a mis dans le cas de les trier, par la façon dont il les a présentées. Méfions-nous toujours de la métaphysique appliquée aux choses simples ; heureusement pour nous, rien n'est si simple que la morale, et ce qu'il y a de plus vrai en ce genre est ce qui est le plus près de nous : *Ne faites pas aux autres ce que vous ne voudriez pas qu'on vous fît...* Je me suis toujours méfiée de ce Rousseau avec ses systèmes singuliers, son accoutrement extraordinaire et sa chaire d'éloquence portée sur les toits des maisons. Il m'a toujours paru un charlatan de vertu. »

Ce qu'a dit de Voltaire la duchesse de Choiseul n'est pas moins digne de remarque. Si elle le blâme de ses éloges de l'impératrice de Russie, Catherine II, alors qu'elle a fait assassiner son mari, — ce que Voltaire appelle des « bagatelles » qu'il ne peut lui reprocher et des « affaires de famille » dont il ne veut pas se mêler, — elle sait aussi lui rendre justice au point de vue littéraire, et le jugement qu'elle a porté sur son compte à l'époque de sa mort est à citer :

« Malgré les défauts qu'on peut reprocher à Voltaire, il sera toujours l'écrivain que je lirai et relirai avec le plus de plaisir, à cause de son goût et de son universalité. Que m'importe qu'il ne dise rien de neuf, s'il développe ce que j'ai pensé et s'il me dit mieux que personne ce que d'autres m'ont déjà dit? Je n'ai pas besoin qu'il m'en apprenne plus que ce que tout le monde sait; et quel autre auteur pourra me dire comme lui ce que tout le monde sait? »

On retrouve dans la correspondance de la duchesse de Choiseul une foule d'autres appréciations sur les principaux écrivains de son siècle, tels que Saint-Lambert, l'abbé Delille, Fénelon, Laharpe, Thomas, etc., et toutes accusent une maturité de raison et une sûreté de goût qui ne cèdent en rien à celles des meilleurs critiques de son temps.

La très grande faveur dont jouissait le duc de Choiseul auprès de Louis XV lui avait suscité quelques ennemis puissants. Les principaux étaient les ducs d'Aiguillon, de La Vauguyon, de Rohan, de Soubise. A plusieurs reprises, ils avaient cherché à le renverser. Ils n'y parvinrent qu'après la mort de la marquise de Pompadour et avec le patronage de la duchesse du Barry. Le duc et la duchesse de Choiseul furent exilés en leur château de Chanteloup, situé aux environs d'Amboise, et dans un des plus beaux sites de la Touraine. Si la lettre de cachet que lui envoya Louis XV est dure pour le duc de Choiseul, après les longs services qu'il avait rendus, elle renferme en revanche un éloge de la duchesse qui est tout à son honneur personnel. Voici cette lettre de cachet en date du 24 décembre 1770 :

« Mon cousin,

« Le mécontentement que me causent vos services me force à vous exiler à Chanteloup, où vous vous rendrez dans les vingt-quatre heures. Je vous aurais envoyé beaucoup plus loin, si ce n'était l'estime particulière que j'ai pour Mme la duchesse de Choiseul, dont la santé m'est fort intéressante. Prenez garde que votre conduite ne me fasse prendre un autre parti.

« Sur ce, je prie Dieu, mon cousin, qu'il vous ait en sa sainte garde.

« LOUIS. »

A la nouvelle de la disgrâce de Choiseul, toutes les médisances cessèrent et firent place à une popularité presque sans exemple. « On vit alors, a-t-on dit, ce qui ne s'était peut-être jamais vu, la cour fidèle à la disgrâce. » Voltaire fut un des plus empressés à envoyer à la duchesse de Choiseul l'expression de ses regrets et de sa sympathie. Le 31 décembre, il lui écrivait :

« Madame, je parie que vous avez l'âme plus forte que moi. Mais vous êtes malade, vous devez donc être accablée d'affaires... Je voudrais être sous-secrétaire des Suisses pour être auprès de vous, pour vous faire voir à tout moment que mon cœur est pénétré de la reconnaissance qu'il vous doit. Je n'ai que peu de jours à vivre, mais ces jours vous seraient consacrés. Je suis à vos ordres, au milieu des neiges. Je vous enverrai tout ce qu'il y a de nouveau et qui pourra vous amuser quelques moments; mais surtout, Madame, ayez grand soin d'une santé si précieuse à tous ceux qui ont des yeux et des sentiments.

« Agréez ma reconnaissance, qui certainement n'est point en paroles, mon inviolable attachement et mon très sincère regret.

« *L'Ermite du Mont-Jura,*

« V. »

A cette lettre était jointe une épître de vers ayant pour titre : *Benalduki á Caramouflée, femme de Giafar le Barmécide*, et qui était un vrai dithyrambe en l'honneur du duc et de la duchesse de Choiseul.

La duchesse y fut très sensible. Elle remercia Voltaire par une lettre qui se terminait ainsi :

« ..... Mon sentiment pour Barmécide m'associe à sa gloire. J'ai toujours eu la vanité des gens que j'aime : c'est ma façon d'aimer. Votre Barmécide est juste et généreux; le mien joint à ces vertus l'avantage d'être heureux et la science de jouir de son bonheur : son bonheur est un triomphe, sa jouissance est sagesse. »

Chanteloup était un séjour délicieux, où se trouvait réuni tout ce que le luxe de l'époque avait pu inventer pour le plaisir de ceux qui l'habitaient. « C'était, d'après un contemporain, l'établissement le plus complet et le plus magnifique qu'on ait vu chez un grand seigneur en Europe. » Le duc et la duchesse de

Choiseul y supportèrent noblement leur exil. Ils furent suivis par l'abbé Barthélemy, qui ne voulut pas les quitter, et continua auprès d'eux ses recherches sur l'antiquité avec d'autant plus de facilité que la bibliothèque de Chanteloup abondait en ressources scientifiques et littéraires. Par la nature élevée des sentiments qui l'attachaient aux Choiseul, non moins que par la distinction de son caractère et de ses goûts, l'abbé Barthélemy n'avait rien de commun avec les abbés de son temps, qui se faisaient les parasites des grandes maisons ou qui défrayaient la société des salons de bons mots, de petits vers ou de chroniques scandaleuses. Il ne se départit jamais ni du respect qu'il se devait à lui-même, ni de celui qu'il avait voué aux hôtes dont il partageait le foyer. Aussi le chevalier de Boufflers, qui avait été un des plus spirituels observateurs de la société de Chanteloup, a-t-il pu dire de lui, à l'Académie française : « L'abbé aimait surtout à contempler toutes les perfections de l'esprit et du cœur réunies dans cette personne incomparable, que les plus aimables Athéniennes eussent enviée, que les dames romaines les plus sévères eussent honorée. Madame de Choiseul avait à peine dix-huit ans lorsqu'il la connut ; mais déjà digne de recevoir et capable de décerner le prix du vrai mérite, elle conçut bientôt la plus tendre estime pour le plus estimable des hommes, et, fidèle toute sa vie à ses sentiments comme à ses devoirs, le modèle des épouses le fut aussi des amis. »

Dès les premiers jours, les visites affluèrent à Chanteloup. L'on y vit venir l'élite des grands seigneurs de la Cour de Versailles et toutes les célébrités de Paris. Les fêtes de Chanteloup, ses dîners-soupers, ses bals parés, ses représentations théâtrales sont restés célèbres dans les chroniques du temps. On peut juger du genre de vie qu'on y menait par la lettre suivante de Mme du Deffand :

« En vérité, écrivait-elle à Horace Walpole, il faut voir ici le duc et la duchesse de Choiseul pour connaître parfaitement tout ce qu'ils valent ; je dis l'un et l'autre, car le mari est aussi excellent dans son genre qu'elle l'est dans le sien... J'aurai passé ici cinq semaines, et je puis vous dire, avec la plus

grande vérité, que je n'y ai pas eu un moment d'ennui, pas éprouvé le plus petit dégoût, la plus légère contradiction. L'abbé, le marquis de Castellane ont eu de moi des soins infinis; j'ai joui de la plus grande liberté, c'est le ton de la maison. Point de compliments; on ne se lève pour personne; on reste chez soi. On va dans le salon; on cause avec qui l'on veut. Les uns vont à la promenade, les autres restent dans la maison. On est dix-huit ou vingt à table; les premiers arrivés s'y placent; on y arrive à l'heure qu'on veut, on n'attend personne. Au sortir de table, on reçoit les lettres de la poste. Chacun lit les siennes en particulier; on se dit les nouvelles qu'on apprend. On s'arrange ensuite pour le jeu : ou joue ou on ne joue pas, cela est égal. Après le jeu, va se coucher qui veut. Ceux qui restent font la conversation, qui est très gaie, très agréable puisqu'il y a beaucoup de gens d'esprit et de très bonne compagnie. Le grand-papa, la grand'maman et la sœur restent toujours les derniers... Le grand-papa est étonnant. Il a trouvé en lui tous les goûts qui pouvaient remplacer les occupations. Il semble qu'il n'ait jamais fait d'autre étude que de faire valoir sa terre. Il fait bâtir des fermes; il défriche des terrains; il achète des troupeaux dans cette saison pour les revendre au commencement de l'hiver, quand ils auront engraissé les terres et qu'il aura vendu leurs laines. Je suis intimement persuadée qu'il ne regrette rien et qu'il est parfaitement heureux. Je suis ravie d'en avoir jugé par moi-même; je n'aurais jamais cru ce qu'on m'en aurait dit. »

Les soins agricoles que le duc de Choiseul apportait à ses terres avaient bien pu augmenter ses revenus. Mais sa fortune, déjà très ébranlée à sa sortie du ministère, ne pouvait suffire aux frais de l'hospitalité fastueuse qu'il donnait à Chanteloup. Deux ans ne s'étaient pas écoulés depuis son exil que Grimm, dans sa *Correspondance*, annonçait, pour le 6 avril 1772, la vente des tableaux composant le cabinet du duc de Choiseul. Le produit de cette vente avait été évalué à cent mille écus : il devait arriver à 443,174 livres. D'après les Mémoires du temps, « on prenait plaisir à enchérir pour augmenter le prix des objets vendus, et les personnes qui poussaient le plus haut leurs enchères étaient approuvées par des battements de mains ».

Ce premier sacrifice ne devait pas suffire. Il fallut y ajouter successivement des suppressions de domestiques, la vente des diamants de famille et l'aliénation de quelques meubles de prix parmi lesquels se trouvait un bureau incrusté de pierreries et de mosaïques florentines, particulièremeut regretté par Mme de Choiseul.

Le duc reculait devant une extrémité qu'il redoutait par-dessus tout, celle de vendre son magnifique hôtel de Paris. Il fallut pourtant s'y résigner en 1784. Un an après, il mourait, le 8 mai 1785, sans avoir pu revenir aux affaires à l'avènement de Louis XVI, quoiqu'il eût été relevé de sa disgrâce par le nouveau souverain.

La liquidation de sa succession fut désastreuse. Il laissait des dettes énormes, qu'on n'évaluait pas à moins de trois millions.

La duchesse de Choiseul voulut payer toutes les dettes de son mari et exécuter tous ses legs. Elle ferma sa maison et se retira dans un couvent, rue du Bac. La Révolution acheva de la ruiner.

Les couvents ayant été supprimés, elle alla habiter un entresol de l'hôtel de Périgord, rue de Lille, où elle vécut dans l'isolement, ne recevant d'autres visites que celles d'un petit nombre d'amis restés fidèles.

Plus tard, elle se transporta rue Saint-Dominique, au coin de la rue de Bourgogne. Le dénûment était arrivé, et elle avait dû se contenter d'un modeste logement et d'une seule servante, Jeannette. Elle supporta la misère et l'oubli avec la même sérénité qu'elle avait joui de la plus grande richesse, du premier rang et des suprêmes hommages. Jamais le sort ne put avoir raison de cette âme si haute. Elle se montra toujours supérieure à la fortune. Tandis que la plupart des membres de sa famille, son neveu le duc de Biron (le fameux duc de Lauzun), sa femme (l'aimable Amélie de Boufflers), la duchesse de Grammont (sœur du duc de Choiseul), avaient péri sur l'échafaud, elle avait pu échapper à la guillotine. Elle mourut le 3 décembre 1801, au moment où le premier Consul, avisé de son dénûment, se disposait à lui donner une pension de l'État. « Le jour de sa mort fut comme tous les jours de sa vie, a écrit son neveu le comte de Choiseul : elle conserva jusqu'à son dernier moment ce courage, cette force de raison, cette noble expression de pensées, cette clarté et cette supériorité d'esprit, ce caractère élevé, qui, dès sa jeunesse, l'ont fait considérer comme l'honneur de son sexe et la gloire de sa famille. » Pour tous ceux qui l'avaient connue, dans la bonne comme dans la mauvaise fortune, elle n'avait jamais cessé d'être « l'adorable petite Crozat ».

Ce qui est resté de la succession du duc et de la duchesse de Choiseul se borne aujourd'hui à quelques objets mobiliers et à des portraits de famille. L'un de ces portraits, peint par Boucher, représente la duchesse de Choiseul et est possédé par le marquis de Marmier, rue de l'Université, 11, à Paris. Deux autres portraits de la duchesse, peints au pastel, sont conservés, l'un au château de Ray, près Gray (Haute-Saône), appartenant au duc de Marmier, et l'autre à Paris, en l'hôtel de la duchesse de Fitz-James.

*
* *

Le troisième fils d'Antoine Crozat, *Louis-Antoine* Crozat, baron de Thiers et marquis de Thugny, devait avoir la postérité la plus nombreuse.

De son mariage avec Marie-Louise-Augustine de Laval-Montmorency, le 19 décembre 1726, étaient nées trois filles, savoir :

1° *Antoinette-Louise-Marie* Crozat, née à Paris le 18 avril 1731, mariée le 18 mars 1749 à Joachim-Casimir-Léon, comte de Béthune, seigneur de Bordes-en-Nivernais, mestre-de-camp lieutenant du régiment Royal-Pologne, fils de Louis-Marie-Victor, comte de Béthune, chambellan du roi Stanislas, et de Marie-Françoise Potier de Gesvres, sa seconde femme;

2° *Louise-Augustine-Salbigothon* Crozat, née à Paris le

25 octobre 1733, mariée le 11 avril 1752 à Victor-François, duc de Broglie, maréchal de France du 16 décembre 1759, veuf de Marie-Anne du Bois de Villers, et fils de François-Marie, duc de Broglie, maréchal de France, et de Thérèse-Gillette Locquet de Grandville;

3° *Louise-Thérèse* Crozat, mariée le 22 avril 1755 à Armand-Louis, marquis de Béthune, colonel-général des chevau-légers, fait colonel-général de la cavalerie en 1759, veuf de Marie-Edine Boullongne, et fils de Louis, comte de Béthune, lieutenant-général des armées navales, et de Marie Thérèse Pollet de la Combe.

La famille de Béthune comptait de glorieux ancêtres, et parmi eux le célèbre ministre de Henri IV, Maximilien de Béthune, duc de Sully. Elle se divisait en plusieurs branches : celle des ducs de Béthune-Charoste, celle des marquis de Béthune-Chabris et celle des comtes de Béthune-Pologne.

Le comte de Béthune-Pologne (Joachim Casimir-Léon) était né au château d'Apremont le 31 juillet 1724. Il était fils du marquis de Béthune, grand chambellan du roi de Pologne, et de Marie Françoise de Gesvres, sa deuxième femme, et petit-fils de François-Gaston de Béthune, marié le 11 décembre 1688 à Marie-Louise de La Grange d'Arquin, sœur de Marie-Casimir de La Grange d'Arquin, mariée elle-même en premières noces, le 6 juillet 1666, à Jean Sobieski, roi de Pologne.

Le marquis de Béthune avait été envoyé par Louis XV, en qualité d'ambassadeur, auprès du roi de Pologne, Jean Sobieski, son beau-frère, et avait été chargé de lui conférer, au nom du roi de France, l'ordre du Saint-Esprit. Ce sont ces rapports d'état et de parenté avec la dynastie régnant alors à Varsovie qui ont fait joindre le nom de Pologne à celui de Béthune pour distinguer cette branche des autres branches de la maison de Béthune.

Comme la plupart des membres de sa famille, le comte de Béthune avait embrassé la profession des armes. Il était devenu successivement maréchal des camps, lieutenant du Royal-Pologne (cavalerie) dès 1746, grade qu'il conserva jusqu'en

1760, brigadier des armées du Roi par brevet du 1er mai 1758, enfin, lieutenant-général pour Sa Majesté de la province d'Artois, gouverneur des ville et citadelle d'Arras. Entre temps, il avait été nommé chevalier d'honneur de Madame Adélaïde de France et avait obtenu, le 24 novembre 1764, les entrées à la Chambre du Roi.

Le comte de Béthune mourut le 19 décembre 1769, à l'âge de quarante-cinq ans, dans son château de Glatigny-en-Beauvoisis, près Versailles, et fut inhumé le lendemain dans la chapelle de ce château.

En épousant le comte de Béthune-Pologne le 17 mars 1747, Antoinette-Louise-Marie Crozat de Thiers avait reçu une superbe dot. Elle possédait à Paris un bel hôtel, situé dans la rue de la Chaise. Elle eut, en outre, en héritage les seigneuries de Seuil, Thugny, Trugny, Amagne, Aouste, Clairon et partie des seigneuries de Doux, Perthès, Pargny et Ressons. Elle y joignit, par achat à la famille Lagoille de Courtagnon, la seigneurie d'Hannogne, avec les droits de haute, moyenne et basse justice qui y étaient attachés.

Peu après son acquisition, un habitant d'Hannogne lui présenta une requête à l'effet d'agrandir ses bâtiments de quelques pieds sur la place publique. La comtesse de Béthune se rendit à Hannogne pour examiner la situation et prendre l'avis des habitants sur cette demande. Elle les fit assembler en conséquence. Mais le curé de la paroisse fut le seul qui prit la parole. Sans s'opposer à la concession sollicitée, il demanda qu'elle fût réduite de façon à laisser un espace de six pieds entre les bâtiments à établir et le presbytère; ce qui fut accordé.

Ces diverses concessions auraient dû rendre la population favorable à la comtesse de Béthune; mais on était à la veille de la Révolution de 1789 et les esprits étaient montés contre les personnes et les choses de l'ancien régime au point de ne plus supporter même ce qui était le droit. Ainsi, il existait dans le pays un ancien usage qui permettait aux moissonneurs de prélever, à titre de payement, la treizième gerbe de blé; de plus, après l'enlèvement de la récolte, les manouvriers et les pauvres avaient coutume d'arracher les éteules et de les vendre à des tiers, ce qui nuisait à l'engrais des terres. Plusieurs cultivateurs, voulant faire abolir cette coutume néfaste à l'agriculture, portèrent plainte. L'affaire fut débattue devant le subdélégué de Château-Porcien et la comtesse de Béthune qui, tous deux, leur donnèrent raison. Un huissier de Château-Porcien fut chargé de notifier la décision aux « manants » du lieu. Il se rendit, en conséquence, le dimanche suivant, sur la place de l'église, pour donner lecture publique de cette décision à l'issue de la messe. Mais on ne le laissa pas achever sa lecture. Il fut hué, bousculé, battu, et des femmes lui jetèrent des cendres dans les yeux. L'huissier porta plainte et demanda des dommages. Les coupables furent condamnés à payer 1,200 livres à l'huissier, à titre de réparations.

Toutes ces révoltes contre le payement des droits féodaux, toutes ces oppositions aux arrêts de justice seigneuriale, toutes ces mutineries contre les officiers du seigneur local étaient caractéristiques. Elles constituaient autant d'indices de cette fermentation générale qui allait bientôt soulever le peuple tout entier contre l'ancien régime.

Cependant, quand la Révolution éclata, la population de Thugny resta toujours sympathique à la comtesse de Béthune, et malgré les excitations des administrateurs du district de Rethel et des délégués de la Convention, tout se borna à quelques visites domiciliaires dans le château, à quelques sottes dégradations, notamment pour exécuter le décret du 19 juin 1791 qui prescrivait de détruire les titres relatifs à la féodalité et à la noblesse, et surtout à de violentes manifestations contre le régisseur principal et gouverneur du château, M. de Saint-Germain, dont nous avons déjà fait connaître l'origine irrégulière, le caractère hautain et l'impopularité générale.

Ayant appris qu'elle avait été dénoncée aux administrateurs du district de Rethel comme mère d'émigrés et comme ayant elle-même quitté le sol de la France, la comtesse de Béthune se rendit à Thugny pour déjouer par sa présence ces accusations mensongères. Cet acte de courage lui valut, le 12 pluviôse an II (5 février 1794), une visite domiciliaire où l'on saisit tous ses titres et papiers et où l'on mit tous ses biens sous séquestre. Parmi les papiers saisis, deux lettres, trouvées dans un meuble de la chambre jaune qu'elle habitait, attirèrent particulièrement l'attention des agents du district. L'une d'elles surtout, contenant un distique latin, parut extraordinairement suspecte. Ces lettres, soigneusement visées et paraphées au commencement et à la fin de chaque recto et de chaque verso, furent minutieusement décrites dans le procès-verbal qui fut dressé. Mais la comtesse de Béthune ne se laissa pas effrayer. Elle s'adressa à l'administration du département pour obtenir la levée du séquestre mis sur ses biens et établit qu'au décès de son mari elle n'avait que trois filles, dont l'une était morte depuis ce décès, l'autre était veuve et la troisième était mariée à un étranger.

Après avoir obtenu satisfaction, la comtesse de Béthune rentra à Glatigny où elle continua à vivre tranquillement. Elle ne le quitta pas durant le Directoire et le Consulat. Ce ne fut que sous l'Empire qu'elle se décida à revenir habiter son château de Thugny. Déjà, ses domestiques avaient été prévenus, ses voitures étaient préparées, lorsque la mort vint la frapper à Glatigny, le 30 mai 1809, dans la soixante-dix-neuvième année de son âge. Elle fut vivement regrettée par tous ceux qui la connaissaient, et, en particulier, par la population de Thugny, qui attendait impatiemment son retour.

Des trois filles de la comtesse de Béthune-Pologne, l'aînée se nommait Adélaïde-Augustine-Joachine et avait épousé Charles-Antoine-Sébastien Ferrero-Fierque, prince de Masserano, grand d'Espagne de première classe. Elle mourut à Madrid le 19 juin 1790.

La seconde, Louise-Charlotte, était née le 11 juin 1759 et avait été mariée, en premières noces, le 26 mars 1778, à René-Jean Mans, marquis de la Tour du Pin-Gouvernet et de la Charce, colonel de Bourbon-Infanterie, qu'elle perdit le 2 décembre 1781. Elle épousa en secondes noces le colonel Tatius-Rodolphe-Gilbert, baron de Salis-Samade, chevalier de l'ordre de Saint-Louis, membre de la Chambre des députés, qui mourut à Thugny le 25 août 1820.

Quant à la troisième fille de la comtesse de Béthune-Pologne, Adélaïde-Françoise-Léontine, née le 4 mars 1761, elle avait été mariée le 10 juillet 1783 à Chrétien de Bavière, marquis de Deux-Ponts, comte de Forbach. Elle est morte à Munich le 28 octobre 1787.

La baronne de Salis avait eu de son premier mari un fils, René-Louis-Victor, marquis de la Tour du Pin-Gouvernet et de la Charce, né à Paris le 22 août 1779, qui devint lieutenant-colonel d'état-major sous l'Empire, fut député de Vesoul en 1815, puis député des Ardennes, et mourut à Paris le 4 juin 1832, à l'âge de cinquante-trois ans. Il avait épousé, le 20 juillet 1803, la princesse Honorine-Camille-Athénaïs Grimaldi de Monaco, fille du prince de Monaco et de Thérèse-Françoise de Choiseul-Stainville, qui est morte à Paris le 8 mai 1879, à l'âge de quatre-vingt-seize ans.

De ce mariage étaient issus un fils et une fille.

Le fils, Louis-Gabriel-Aynard, marquis de la Tour du Pin-Gouvernet et de la Charce, était devenu colonel d'état-major et commandeur de la Légion d'honneur. Né le 12 juin 1806, il est mort sans alliance à Marseille le 11 novembre 1855 des suites des blessures qu'il avait reçues à la prise de la tour Malakoff.

Quant à la fille, Joséphine-Philis-Charlotte de la Tour du Pin-Gouvernet et de la Charce, elle était née à Paris en 1805 et avait épousé, le 26 février 1826, Fortuné-Charles-Jules Guigues de Moreton de Chabrillan, alors chef d'escadron, dont elle a eu deux enfants :

1° Hippolyte-Camille-Fortuné Guigues de Moreton, comte de Chabrillan, né en 1828 et marié à Anne-Françoise, princesse de Croy, décédé le 2 juillet 1887, dans sa cinquante-septième année;

Et 2° Louis-Robert-Fortuné Guigues de Moreton, comte de

Chabrillan, né en 1832, colonel du 12e régiment de chasseurs à cheval, actuellement décédé.

Hippolyte-Camille-Fortuné Guigues de Moreton, comte de Chabrillan, avait eu deux fils : l'un, Guillaume, est mort après avoir épousé la fameuse danseuse Céleste Mogador, et l'autre, Aynard, s'est marié avec la comtesse de Lévis-Mirepoix. Ce dernier est le propriétaire actuel du château de Thugny, où il représente par conséquent la famille Crozat, dont il descend en ligne directe.

Quoique construit en matériaux ordinaires (pierres dures et craies) et privé de toute sculpture, le château de Thugny a, par sa masse considérable, ses hautes toitures, ses clochetons et ses pavillons, un aspect monumental. Il est un des rares survivants des anciens manoirs qui bordaient le cours de l'Aisne. Entouré d'un parc magnifique, dont les allées sont bordées de tilleuls séculaires, il plaît autant qu'il a un aspect imposant. Un grand bâtiment, flanqué de quatre tourelles, le domine au midi. Les fossés qui l'entouraient jadis et qu'alimentait la rivière de l'Aisne ont été comblés et sont remplacés par de verdoyants gazons. Le pont-levis qui donnait accès à la porte principale a disparu en 1820. Seuls, les machicoulis et les clochetons qui dominaient cette porte ont été conservés, et donnent à l'édifice un aspect d'ancienneté bien qu'il ne remonte cependant pas plus haut qu'à Henri IV. Après avoir franchi la porte principale, on se trouve dans une vaste cour triangulaire d'un aspect sombre et sévère. Les appartements donnent sur cette cour et sur le parc. Le rez-de-chaussée est voûté. Le premier étage est composé d'une série de pièces ayant de vastes proportions et décorées un peu dans tous les styles qui se sont succédé en France depuis Louis XIII. Les meubles en sont particulièrement intéressants, et plusieurs ont figuré à l'exposition rétrospective de Reims, en 1876, notamment des glaces sculptées, un meuble en bois doré, garni de cuir, des consoles Louis XIV, des panneaux en laque de Chine. Dans le grand salon se trouvent de beaux portraits de la famille du baron de Thiers. La salle à manger occupe l'ancienne salle dite des

Gardes. On y voit les portraits de Claude de Moy, d'Antoine Crozat et de sa femme, du baron de Thiers et de son oncle l'abbé Crozat, de Joseph-Antoine Crozat, le président de Thugny, enfin de Henri de la Tour d'Auvergne, comte d'Evreux, le mari de l'infortunée Marie-Anne Crozat. A la suite du vestibule, on entre dans une grande pièce très élevée, qui servait autrefois de salle de spectacle et qui a été transformée en bibliothèque. Au-dessus de la porte d'entrée se trouve une plaque de marbre noir, venant de l'ancienne abbaye de Novi, près de Rethel, et portant cette inscription en grec : σοφίας γάζα, « trésor de sagesse ». Cette bibliothèque est loin d'avoir l'importance de celle qu'avait formée Louis-Antoine Crozat et qui fut vendue à sa mort en 1771. Elle compte cependant plus de huit mille volumes. Au côté de la pièce opposée aux fenêtres se trouve une cheminée monumentale dont la plaque en fonte, datée de 1741, porte les armes d'Antoine Crozat et de sa femme, née Le Gendre d'Armény, surmontées d'une couronne de marquis.

Quant à la descendance de Louise-Augustine Salbigothon Crozat, mariée à Victor-François, duc de Broglie, dit le maréchal de Broglie, et décédée à Altona le 3 mai 1813, on sait qu'elle a eu les plus glorieuses destinées, et que ses membres se sont fait remarquer par leur haute intelligence et leur grande notoriété.

Le maréchal de Broglie s'était marié deux fois. Il avait d'abord épousé, le 2 mai 1736, Marie-Anne du Bois de Villers, dont il avait eu quatre enfants. De son second mariage, en date du 11 avril 1752, avec Louise-Augustine Sabligothon Crozat de Thiers, il eut neuf enfants, dont plusieurs furent très distingués.

L'un d'eux, Victor-Claude, prince de Broglie, né à Paris le 27 juin 1757, devint l'aide de camp de son père, fut député de Colmar aux Etats généraux de 1789 et prit le parti de la Révolution française. Nommé maréchal de camp et envoyé à l'armée du Rhin, il adressa à l'Assemblée législative un *Mémoire sur la défense des frontières de la Save et du*

Rhin. Lorsqu'on lui présenta les décrets du 10 août qui suspendaient le roi Louis XVI, il refusa de les reconnaître, fut destitué par les commissaires de l'Assemblée législative, et momentanément incarcéré dans la prison de Langres. Rendu à la liberté, il se retira à Bourbonne-les-Bains, d'où il écrivit au président de la Convention pour justifier sa conduite et protester de son patriotisme. Puis, il revint à Paris, s'enrôla dans la garde nationale et se présenta à la barre de la Convention à la tête d'une députation de la section des Invalides; mais cela n'empêcha pas qu'il ne fût arrêté et traduit devant le tribunal révolutionnaire qui le condamna à mort le 27 juin 1794 : il n'avait que trente-sept ans.

En mourant, il avait recommandé à son fils, Achille-Charles-Léonce-Victor, duc de Broglie, né à Paris le 28 novembre 1785, de rester fidèle à la Révolution française, même ingrate et injuste. Cette recommandation devait être fidèlement exécutée. Quoique le régime impérial ne lui convînt qu'à moitié, le duc de Broglie sollicita en 1806 un poste au Conseil d'Etat, mais n'obtint cette nomination qu'en 1809 : il était alors âgé de vingt-quatre ans. Il assista comme auditeur aux séances présidées par l'Empereur et fut chargé à diverses reprises de missions diplomatiques en Allemagne, en Espagne, dans les provinces Illyriennes, en Pologne, en qualité d'attaché d'ambassade, en Autriche, où M. de Narbonne l'appela et où il fut mêlé aux négociations de Prague. Il ressentit vivement les désastres qui provoquèrent la chute de l'Empire, et, dans ses *Souvenirs*, il écrivait : « J'étais plutôt du côté de ceux qui désiraient, sans trop l'espérer, le maintien tel quel du régime impérial. Il m'était impossible de prendre en bonne part les désastres de notre armée. » Cependant, à la Restauration, ses droits à la pairie furent reconnus, et, le 4 juin 1814, il se trouva « transporté tout à coup, et par le simple cours des événements, au premier rang de la société dans l'Etat ». Mais, comme il n'avait pas l'âge légal (trente ans) pour prendre part aux délibérations de la Chambre des Pairs, il se contenta d'assister aux séances sans y prendre la parole. Il rompit son silence à l'occasion du procès du maréchal Ney dont il prit la défense avec une grande vivacité. Après cet acte éclatant d'opposition, il se rendit en Italie pour y célébrer son mariage avec la fille de Mme de Staël. Le mariage eut lieu à Livourne le 15 février 1816, et c'est de ce mariage qu'est né, le 13 juin 1821, Jacques-Victor-Albert, prince de Broglie, puis duc de Broglie, un des plus brillants représentants de l'Ecole libérale et catholique de 1830 et de 1849 avec ses amis de Falloux, de Montalembert et Cochin. Le 25 janvier 1870, il devint, par la mort de son père, chef de la famille de Broglie et prit le titre de duc. La chute de l'Empire et les événements de 1870-71 l'appelèrent à remplir dans le nouveau gouvernement un rôle important. Aux élections du 8 février 1871, il fut élu représentant de l'Eure à l'Assemblée nationale et combattit la politique de M. Thiers, devenu président de la République. Il parvint à en triompher en 1873. Mais une fois au ministère, il ne put s'y soutenir longtemps, et ses efforts pour ramener le gouvernement de la France à la forme monarchique échouèrent au 24 mai 1873 comme au 16 mai 1877. En 1885, il ne fut pas réélu dans l'Eure et revint, pour ne plus les quitter, à ses études historiques qui absorbèrent ses dernières années.

VI. — La famille Crozat a Toulouse.

En indiquant les origines de la famille Crozat, nous avons rapporté qu'en outre de ses fils devenus à Paris de si grands personnages, Antoine Ier avait laissé trois filles dont deux s'étaient mariées et une était entrée en religion.

Des deux filles mariées, une seule avait eu des enfants. C'était *Jeanne* Crozat, qui avait épousé « Messire Nicolas Daguin, greffier en chef des trésoriers de France en la généralité de Toulouse », puis trésorier de France à Béziers. A la mort de son père, en 1690, elle hérita de l'hôtel qu'il avait acheté et qui était situé rue Pharaon, au coin de la rue des Poutirous. Elle devint veuve en 1713, et nous la voyons, en cette qualité, rendre hommage au roi pour la terre baroniale de Launac, le 1er octobre 1715 et le 13 juin 1722, devant M. de Bezons, intendant de la province du Languedoc[1].

Dans son testament en date du 20 novembre 1734, déposé chez Me Pratviel, notaire à Toulouse, elle déclara avoir deux fils.

L'aîné se nommait *Jean* Daguin. Il était maître ordinaire à la Chambre des Comptes, à Paris, et marié à Marie-Léonce de Larrue, par contrat du 12 octobre 1723. Dans une procuration du 30 décembre 1737, il est qualifié « chevalier, baron de Launac, conseiller du roi en ses conseils, maître ordinaire en la Chambre des Comptes, demeurant à Paris, rue Neuve du Luxemboug, paroisse de Saint-Roch ».

Son frère cadet s'appelait *Jean-Joseph* Daguin. Il était, en 1634, président au Parlement de Toulouse, eut pour fille la marquise de Barnevald et pour fils Jean-Joseph, né à Toulouse en mars 1731. Après de brillantes études au collège des Jésuites et à la Faculté de droit, ce dernier devint conseiller au Parlement de Toulouse en 1756, puis président à la deuxième chambre des Enquêtes en 1761. Exilé pendant le Parlement Meaupou, il prononça à son retour le discours d'ouverture de la séance publique tenue le 10 juillet 1775 par l'Académie des Jeux Floraux, dont il était un des membres les plus distingués, pour décerner un prix exceptionnel à l'auteur de la meilleure ode sur le rétablissement des Cours souveraines. A la Révolution, il se retira au château de Lamote, à Seysses. Il y fut arrêté le 24 avril 1793 par une brigade de gendarmerie, conduit à la prison de la Maison commune de Toulouse, puis détenu à la Visitation jusqu'au 13 juillet, malgré son acquittement par le tribunal criminel du département. Il ne recouvra la liberté que pour être emprisonné de nouveau le 28 septembre et dirigé sur Paris où il fit partie de la « seconde fournée » des parlementaires toulousains qui moururent, au nombre de

1. *Pièces fugitives pour servir à l'Histoire de France.* Paris, 1751, t. I, 2e partie, p. 340.

vingt-six, sur l'échafaud de la barrière du Trône, le 14 juin 1794. Marié à Mlle de Rességuier, sœur du procureur général de la Cour au Parlement de Toulouse, il laissa deux fils dont l'un prit une part active à l'insurrection de l'an VII. Ses descendants se sont éteints sans enfants : l'aîné, Richard, est mort célibataire au château d'Escalquens, en Lauraguais le 23 septembre 1889, et le cadet est décédé chanoine de Saint-Etienne, en laissant sa fortune patrimoniale à l'abbé Andrieu, originaire comme lui de Seysses, alors vicaire général de l'archevêque de Toulouse et aujourd'hui évêque de Marseille.

A la fin du dix-huitième siècle, nous trouvons un chevalier de Crozat, figurant à l'assemblée de la noblesse, tenue à Toulouse en 1789, sans que nous puissions établir sa filiation avec les membres de la famille Crozat qui nous ont occupé.

Aujourd'hui, on chercherait vainement à Toulouse et dans la région environnante le nom patronymique de Crozat. Il en est de même dans le reste de la France, où l'on ne retrouve plus même les noms terriens de marquis du Chastel porté par Louis-François Crozat, de marquis de Thugny porté par Joseph-Antoine Crozat, ni de baron de Thiers et de marquis de Moy porté par Louis-Antoine Crozat.

Si l'on veut faire revivre par le souvenir les divers membres de la famille Crozat, ce n'est pas à Toulouse, dont ils furent originaires, qu'il faut aller. Ce n'est pas non plus à Paris, où ils ont joué un si grand rôle dans les finances et dans l'art. Ce n'est pas même dans les familles de Laval-Montmorency, de Gontaut-Biron ou de Broglie, quoiqu'on y trouve leurs descendants les plus directs. C'est surtout dans la famille de Chabrillan, au château de Thugny, dans les Ardennes, que l'on peut voir les derniers vestiges de leur immense fortune et de leurs collections d'art, et se rendre compte de leur physionomie, grâce aux portraits de famille qui s'y trouvent encore.

Nous devions d'autant plus faire connaître ces renseignements précis de biographie sur les divers membres de la famille Crozat, qu'ils ont été en grande partie ignorés ou confondus par les divers ouvrages qui parlent d'eux, tels que la *Biographie universelle* de Michaud, la *Biographie générale* de Didot, la *Biographie toulousaine* de Lamothe-Langon et Dumège. La *Grande Encyclopédie* s'est montrée plus exacte, mais avec des erreurs sur certains points. On trouve aussi beaucoup d'inexactitudes dans l'étude de M. J. Grasset, président à la Cour d'appel de Montpellier, intitulée *Madame de Choiseul et son temps*[1]. Il en est enfin de même dans deux ouvrages récemment consacrés par M. Gaston Maugras au *duc et à la duchesse de Choiseul* et à leur *disgrâce, leur vie à Chanteloup, leur retour à Paris et leur mort*[2].

Ce contrôle et ces rectifications nous ont été fournis par de nombreux documents originaux, et, en particulier, par des papiers de famille, une sœur de notre grand-père, Marie-Anne Desazars de Montgailhard, ayant épousé le 27 juin 1786 Jean-Emmanuel Le Gendre, avocat au Parlement de Toulouse, arrière-petit-fils de François Le Gendre, écuyer, capitoul en 1690 et père de Marie-Marguerite Le Gendre, femme d'Antoine II Crozat, dit le Riche, belle-sœur et mère des célèbres collectionneurs dont nous venons d'esquisser la biographie et de faire connaître ce qui reste de leur descendance et de leur parenté.

1. Paris, librairie académique Didier et Cᵉ, 1874.
2. Paris, librairie Plon, 1903.

Toulouse, Imp. DOULADOURE-PRIVAT, rue St-Rome, 39. — 5694

www.ingramcontent.com/pod-product-compliance
Ingram Content Group UK Ltd.
Pitfield, Milton Keynes, MK11 3LW, UK
UKHW021210220726
13924UKWH00003B/1447

9 782019 923563